本书获"上海市多语种人才早期培养项目"支持

总 顾 问　王哲光
总 主 编　李　媛
副总主编　殷　莹　刘玲玉

# 新启航德语
## Willkommen!

**C1**

主　编　殷莹

副主编　陈琦

编　者　曹芸　钱佳　赵建晖

上海外语教育出版社

SHANGHAI FOREIGN LANGUAGE EDUCATION PRESS

**图书在版编目（CIP）数据**

新启航德语. C1 / 李媛总主编；殷莹主编；陈琦
副主编；曹芸，钱佳，赵建晖编. -- 上海：上海外语
教育出版社,2023
ISBN 978-7-5446-7572-7

Ⅰ.①新… Ⅱ.①李…②殷…③陈…④曹…⑤钱
…⑥赵… Ⅲ.①德语—自学参考资料 Ⅳ.①H33

中国国家版本馆CIP数据核字(2023)第038388号

出版发行：**上海外语教育出版社**
　　　　　（上海外国语大学内） 邮编：200083
电　　话：021-65425300 (总机)
电子邮箱：bookinfo@sflep.com.cn
网　　址：http://www.sflep.com
责任编辑：陈　懋

印　　刷：上海宝山译文印刷厂有限公司
开　　本：890×1240　1/16　印张8　字数207千字
版　　次：2023年9月第1版　2023年9月第1次印刷

书　　号：ISBN 978-7-5446-7572-7
定　　价：39.00元

本版图书如有印装质量问题，可向本社调换
质量服务热线：4008-213-263

# 前 言

相信同学们对德语国家并不陌生，从音乐、生活、商业、科研、工程到出行，来自德语国家的产品和文化在我们身边随处可见；中国是德国最大的贸易伙伴，中欧班列、海运和航空货运把我们和德语国家越来越紧密地联系在一起。

传说德语是很难学的语言：一句话的长度可能超过一页纸，一个单词一口气也读不完，动词常常跑到句尾令人望眼欲穿，还有性、数、格的无穷变化……美国作家马克·吐温曾经"控诉"道：如果一个语言天才能用30个钟头学会英语，30天学会法语，德语则需要30年……

掌握德语确实不容易，但难度绝不像传说中那么夸张，我们编写这套教材就是为了带你进入美妙的德语世界！

党的"二十大"报告告诉我们必须坚持胸怀天下，要拓展世界眼光，以海纳百川的宽阔胸襟借鉴吸收人类一切优秀文明成果，推动建设更加美好的世界；同时应坚守中华文化立场，加快构建中国话语和中国叙事体系，讲好中国故事、传播好中国声音，深化文明交流互鉴，推动中华文化更好走向世界。

这是二十大后首套由中国人自主设计编写的中学德语教材。我们分析了众多德语教材，引入语言学、心理学、教育学、认知科学的最新理念，依据教育部《普通高中德语课程标准》（2017年版2020年修订），专门为中国中学生零起点学习德语打造。

C1-C5每册书包括4个模块，围绕与校园、家庭和社会生活密切相关的主题展开，每个模块包含3个学习单元和1个话语活动单元。每个学习单元又分为五个部分：A部分图文并茂，轻松进入单元主题，让大家预知学习目标（Hier lerne ich）；B和C部分为课文或对话及其拓展练习；D部分和E部分是特色板块"德语秀舞台"（Spielbühne）、"语音天地"（So sprechen wir korrekt!）。之后是"我的收获"（Das kann ich）板块，帮助同学们回顾反思所学内容，最后以"思维导图"（Mind-Mapping）形式总结与单元主题相关的词汇及句型。在话语活动单元中，可以边玩边学，通过游戏、项目等活动巩固所学知识。

教材编写中，我们以问题和活动为导向，重视创设真实情境，鼓励同学们在目的语环境中的行动能力、提高个体自主分析问题、解决问题的能力。希望大家通过本系列教材的学习不仅能掌握好德语，更能提升思维品质、文化意识，养成自主学习、终身学习的能力。

欢迎大家来到奇妙的德语世界，开启快乐的学习之旅！

Viel Spaß und viel Erfolg! Willkommen zu unserem《Willkommen!》!

编者

| Textsorten | Grammatik | Phonetik | Wortfelder |
|---|---|---|---|
| Dialog<br>Kinderlied | Personalpronomen: ich, du;<br>Verben: sein, heißen,<br>kommen;<br>W-Fragen und Antworten:<br>wie, woher, wie alt;<br>Präposition: aus;<br>Zahlen: 1-12 | das deutsche Alphabet | Gruß und Abschied |
| Dialog<br>E-Mail<br>Zungenbrecher | Personalpronomen: er, sie, wir;<br>Possessivpronomen: mein, dein;<br>Verben: wohnen, arbeiten;<br>W-Fragen: wer, was;<br>Präposition: in;<br>Ja/Nein-Frage;<br>Verneinung mit *nicht*;<br>Zahlen: 13-100 | Vokale: a, e;<br>Konsonanten: b - p, d - t, g - k | Familie |
| Dialog<br>Interview<br>Zungenbrecher | Personalpronomen: sie;<br>unbestimmte Artikel im<br>Nominativ und Akkusativ;<br>Verben: haben, mögen;<br>Verneinung mit *kein* | Vokale: i, o, u;<br>Konsonanten: m, n | Haustiere |

**Textsorten:** Grafik, Plakat
**Biologie:** Die Tierwelt

| Textsorten | Grammatik | Phonetik | Wortfelder |
|---|---|---|---|
| Stundenplan<br>Dialog<br>Lied<br>Zungenbrecher | Personalpronomen: ihr;<br>Possessivpronomen: unser,<br>euer;<br>Präposition: an;<br>Wortstellung: Heute habe<br>ich … | Konsonant: ch;<br>Umlaute: ä, ö, ü;<br>Halbvokal / Konsonant: y;<br>Satzmelodie: Aussagesatz | Unterrichtsfächer |
| Verlustmeldung<br>Zungenbrecher | Personalpronomen im<br>Akkusativ;<br>W-Frage: wessen;<br>Possessivpronomen: sein,<br>ihr | Diphthonge: ei, ai;<br>Konsonanten: r, l;<br>Satzmelodie: Ja/Nein-Frage | Schulsachen |
| Dialog<br>E-Mail | W-Frage: wie viel(e);<br>Personalpronomen: Sie;<br>Possessivpronomen: Ihr, ihr;<br>es gibt …;<br>Präpositionen: um, von … bis;<br>bestimmte Artikel im<br>Nominativ | Diphthonge: au, eu(äu);<br>Konsonanten: h, j;<br>Satzmelodie: W-Frage | Schulleben |

**Textsorte:** Gedicht
**Literatur:** Schriftsteller und Werke

| Textsorten | Grammatik | Phonetik | Wortfelder |
|---|---|---|---|
| Dialog<br>Tagebuch | Nomen im Singular und Plural;<br>Verben: essen, sprechen;<br>Indefinitpronomen: man | Konsonanten: s, ß, z, tz, ts, ds;<br>Wortakzent: Komposita | Frühstück |
| Dialog<br>Menü | Null-Artikel;<br>Modalverb: möchten;<br>Wiederholung: ja, nein, doch | Konsonanten: sch, tsch, st, sp;<br>Satzmelodie:<br>Weiterfragen mit „und " | Mensa<br>Imbiss |
| Speisekarte<br>Dialog | Mengenangaben;<br>bestimmte Artikel im Akkusativ;<br>Imperativsatz (Sie) | Konsonanten: pf, f, ph, w, v;<br>Satzmelodie: Imperativsatz | Restaurant |

**Textsorten:** Speisekarte, Rezept, Gesundheitspyramide
**Naturwissenschaft:** Gesunde Ernährung

| Textsorten | Grammatik | Phonetik | Wortfelder |
|---|---|---|---|
| Dialog<br>Anzeige<br>Zungenbrecher | Modalverb: können;<br>trennbare Verben: vorhaben, mitkommen | Konsonanten: qu, ch, chs, ks, x;<br>Wortakzent: trennbare Verben | Freizeit |
| Chat-Beiträge<br>Terminkalender<br>Dialog<br>Elfchen<br>Abzählreim | W-Frage: wohin;<br>Präposition: in (Richtung);<br>Präpositionen: zu, nach | E-Laute in Endungen: -e, -en, -el, -eln, -er, -ern;<br>E-Laute in der Vorsilbe: be-, ge-;<br>Satzakzent | Wochenende |
| Dialog<br>Quittung<br>Anzeige | Personalpronomen im Dativ und Akkusativ;<br>Verb: gefallen;<br>Präposition: für | Endungen: ng/nk, -ig, -ung, -tion, -sion, -ssion;<br>Pausen | Einkaufen |

**Textsorten:** Reiseanzeige; WeChat
**Geographie:** Städte

# 1 Guten Tag!

## A Willkommen in der Deutschklasse!

**A1** Kennenlernen! Was passt zusammen? Ordne zu.

Ⓐ    Ⓑ    Ⓒ    Ⓓ

☐ 1. Guten Tag, mein Name ist Chen Lan. Ich komme aus Chengdu. Ich bin 13 Jahre alt.

☐ 2. Hallo, ich heiße Dieter Müller. Ich komme aus Berlin. Ich bin Schüler.

☐ 3. Guten Tag, ich heiße Li Ming. Ich komme auch aus Chengdu.

☐ 4. Hallo, ich heiße Maria. Ich komme aus Wien. Ich bin 14 Jahre alt. Ich bin Schülerin.

# Hier lerne ich

*Sprachkompetenz*
sich grüßen; sich verabschieden und sich kennen lernen

*Kulturbewusstheit*
deutschsprachige Länder und Städte

*Denkvermögen*
chinesische und deutsche Gruß-formen vergleichen

*Lernfähigkeit*
durchs Singen lernen

**A2** **So grüßt man sich in Deutschland. Lies und spiele.**

Guten Tag!

Guten Tag!

Hallo!

Hallo, wie geht's?

Guten Morgen!

Guten Tag!

Guten Abend!

**A3** **So verabschiedet man sich in Deutschland. Lies und spiele.**

Auf Wiedersehen!

Auf Wiedersehen!

Tschüs, Lena.

Tschüs, Mutti.

# B — Wie heißt du?

## B1 Hör und sprich nach.

| | |
|---|---|
| Ming: | Guten Tag, ich heiße Ming. Wie heißt du? |
| Dieter: | Ich heiße Dieter. Freut mich. |
| Ming: | Freut mich auch. Woher kommst du? |
| Dieter: | Ich komme aus Deutschland. Wie alt bist du? |
| Ming: | Ich bin dreizehn Jahre alt. Und du? |
| Dieter: | Ich bin auch dreizehn. |

**Kultur bunt**

| Österreich | die Schweiz |
|---|---|
| Grüß Gott! | Grüezi! |

## B2 Hör den Dialog noch einmal und ergänze die Tabelle.

| Name | Land | Alter |
|---|---|---|
| | China | |
| | | |

## B3 Hör zu und sprich nach.

| | | |
|---|---|---|
| Tag. | Guten Tag. | |
| Ming. | heiße Ming. | Ich heiße Ming. |
| heißt du? | Wie heißt du? | |
| aus China. | komme aus China. | Ich komme aus China. |
| bist du? | Wie alt bist du? | |
| dreizehn Jahre alt. | bin dreizehn Jahre alt. | Ich bin dreizehn Jahre alt. |

## B4 Gespräche. Fragt und antwortet.

Guten Tag / Guten Abend, ich heiße ... Wie heißt du?

Guten Tag / Guten Abend, ich heiße ...

**Grammatik leicht**

**heißen, kommen**

| ich | heiße | komme |
|---|---|---|
| du | heißt | kommst |

**sein**

| ich | bin | du | bist |
|---|---|---|---|

## B5 Variiere wie im Beispiel.

In der Schule sind viele Gastschüler. Woher kommen sie? Fragt und antwortet.

Lan:          Hallo, **Maria**, woher kommst du?

Maria:        Ich komme **aus Österreich**.

*Ebenso mit:*    Dieter / Deutschland, Anna / Österreich, Ming / China, Mike / England

## B6 Wie heißen die Länder? Wo sind die Städte? Ergänze.

Berlin      Bern      Hamburg      München      Wien

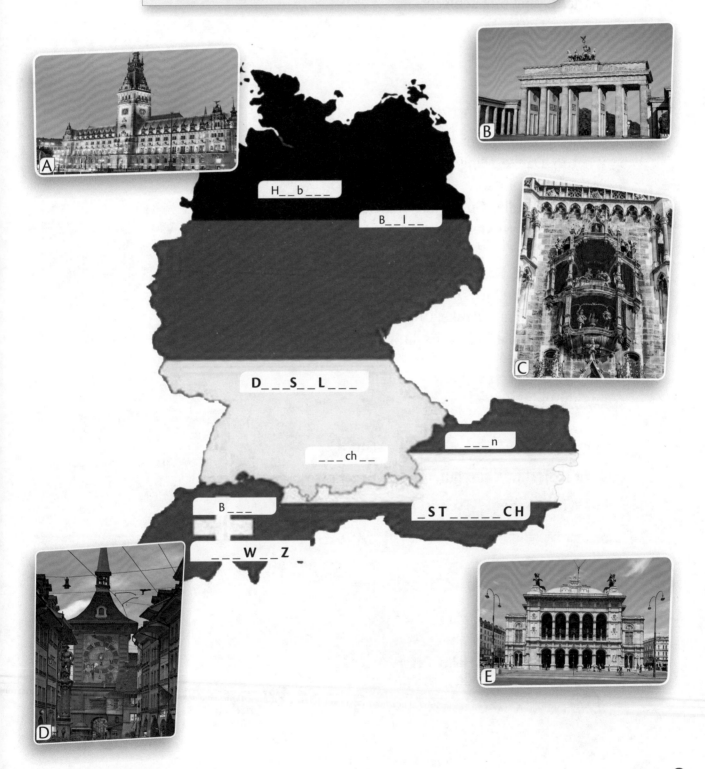

H __ b ___

B __ l __

D ___ S __ L ___

___ ch __

___ n

B ___

_ S T _____ C H

___ W __ Z _

# C Wie geht's?

**C1** **Wer sind sie? Hör die Dialoge.**

☐ Ming ☐ Hans ☐ Maria ☐ Dieter ☐ Lan

**C2** **Hör die Dialoge noch einmal. Richtig oder falsch? Kreuz an.**

|   |   | R | F |
|---|---|---|---|
| 1. | Es geht Dieter schlecht. | ☐ | ☐ |
| 2. | Es geht Ming sehr schlecht. | ☐ | ☐ |
| 3. | Es geht Maria gut. | ☐ | ☐ |
| 4. | Es geht Lan sehr gut. | ☐ | ☐ |

**C3** **Hör und sprich nach.**

1. Ming: Hallo, Dieter. Wie geht's?
   Dieter: Danke, Ming. Nicht schlecht. Und dir?
   Ming: Es geht so.
   Dieter: Na, alles Gute! Auf Wiedersehen!
   Ming: Auf Wiedersehen!

2. Maria: Grüß Gott, Chen Lan! Wie geht es dir?
   Lan: Grüß Gott, Maria! Ganz gut, danke. Und dir?
   Maria: Sehr gut, danke, Chen Lan!
   Lan: Oh, die Stunde beginnt. Also bis später!
   Maria: Servus!

**Redemittel**

Sehr gut! 😃        Gut! 🙂

Nicht schlecht. / Ganz gut. 😐        Es geht (so). 🙁

Auf Wiedersehen! / Tschüs! / Bis später! / Servus!

**Kultur bunt**

| Österreich | die Schweiz |
|---|---|
| Servus! | Ade / Adieu! |

**C4** **Gespräche. Fragt und antwortet.**

Hallo, Peter.
Wie geht's dir?

Danke, sehr gut.
Und dir?

## C5 Wir lernen Zahlen. Hör zu und sprich nach.

| | | | | | | |
|---|---|---|---|---|---|---|
| 0 null | 1 eins | 2 zwei | 3 drei | 4 vier | 5 fünf | 6 sechs |
| 7 sieben | 8 acht | 9 neun | 10 zehn | 11 elf | 12 zwölf | |

## C6 Zahlen mit Gesten. Lies und mach mit.

eins    zwei    drei    vier    fünf

sechs    sieben    acht

neun    zehn

## C7 Wir können gut reimen. Hör zu und sprich nach.

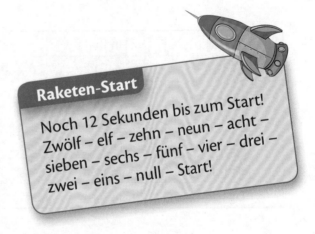

**Gute Nacht**

Eins, zwei, drei!
Maria, Lina, Marei!
Vier, fünf, sechs!
Ming, Dieter und Rex!
Sieben, acht!
Gute Nacht!
Neun, zehn!
Schlafen gehen!

**Raketen-Start**

Noch 12 Sekunden bis zum Start!
Zwölf – elf – zehn – neun – acht –
sieben – sechs – fünf – vier – drei –
zwei – eins – null – Start!

## C8 Hör den Dialog. Wie ist Mings Handynummer?

Mings Handynummer: _____

## C9 Klassenspaziergang. Sammle die Handynummern von deinen Mitschülern und erstelle ein Klassentelefonbuch zusammen.

# D    Spielbühne

**Heute ist der erste Schultag. Die Schüler grüßen sich nach den Ferien. Spielt die Szene.**

*(Es gibt in diesem Schuljahr einige Gastschülerinnen/ Gastschüler. Sie kommen aus deutschsprachigen Ländern.)*

# E    So sprechen wir korrekt!

**das deutsche Alphabet**

**Lernen mit Spaß**

*Durch Singen macht das Lernen viel Spaß.*

**E1    Lies das deutsche Alphabet vor.**

| | | | | Umlaute |
|---|---|---|---|---|
| Aa [a] | Hh [ha] | Oo [o] | Uu [u] | Umlaute |
| Bb [be] | Ii [i] | Pp [pe] | Vv [fao] | Ää [ɛ] |
| Cc [tse] | Ji [jɔt] | Qq [ku] | Ww [ve] | Öö [ø] |
| Dd [de] | Kk [ka] | Rr [ɛr] | Xx [iks] | Üü [ʏ] |
| Ee [e] | Ll [ɛl] | Ss [ɛs] | Yy ['ʏpsilɔn] | ß[ɛstsɛt] |
| Ff [ɛf] | Mm [ɛm] | Tt [te] | Zz [tsɛt] | |
| Gg [ge] | Nn [ɛn] | | | |

**E2    Lies die deutschen Abkürzungen.**

| EU | VW | DB | PC | CD | AG | WC |
|---|---|---|---|---|---|---|
| DDR | BRD | SPD | CDU | CSU | FDP | USA |
| LKW | PKW | DSH | SOS | DAAD | BASF | GmbH |

**E3    Wir singen das deutsche ABC-Lied.**

**E4    Vergleich das deutsche Alphabet mit dem englischen Alphabet.**

# Das kann ich

**Sich kennen lernen**

- Wie heißt du?
- ▲ Ich heiße ...
- Woher kommst du?
- ▲ Ich komme aus ...

- Wie alt bist du?
- ▲ Ich bin ... Jahre alt.
- Wie ist deine Handynummer?
- ▲ Meine Handynummer ist ...

**Außerdem kann ich ...**

... bis 12 zählen.

... das deutsche Alphabet vorlesen. / das deutsche ABC-Lied singen.

## Grammatik

**Personalpronomen und Verben**

| | | | |
|---|---|---|---|
| ich | komme | heiße | bin |
| du | kommst | heißt | bist |

**W-Fragen und Antworten**

| Position 1 | Position 2: Verb | |
|---|---|---|
| Wie | heißt | du? |
| Ich | heiße | Paul. |
| Woher | kommst | du? |
| Ich | komme | aus China. |
| Wie alt | bist | du? |
| Ich | bin | zwölf Jahre alt. |
| Wie | ist | deine Handynummer? |
| Meine Handynummer | ist | 13617843250. |

**Mind-Mapping**

Guten Tag!

Auf Wiedersehen!

Gruß

Abschied

Wie geht's dir?

# 2 Ich liebe meine Familie.

## A     Meine Familie

meine Großeltern

meine
Großmutter
(Oma)

mein
Großvater
(Opa)

meine Eltern

mein Vater
(Papa)

meine Mutter
(Mama)

mein Onkel

meine Tante

## Hier lerne ich

*Sprachkompetenz*
über ein Familienfoto sprechen; eine E-Mail über meine Familie schreiben

*Kulturbewusstheit*
berühmte Persönlichkeiten in der Welt

*Denkvermögen*
Familienmitglieder durch ein Foto assoziieren

*Lernfähigkeit*
mit Wörterbüchern nach unbekannten Wörtern suchen

ich

meine Schwester

mein Papagei

mein Cousin

meine Cousine

Ein **Bruder**? Nein, ich habe nur eine Schwester.

**Hör zu. Wer sind sie?**

| Li Na | Frau Schmidt | Geo | Herr Li | Li Ming | Felix | Lisa | Tingting | Frau Li | Herr Wang | Hui |
|---|---|---|---|---|---|---|---|---|---|---|
|  |  |  |  |  |  |  |  |  |  |  |

# B  Ein Familienfoto

**B1** Sieh dir das Familienfoto von Dieter an. Wer sind sie? Rate.

Ich denke, C ist Dieters Vater.

**B2** Hör den Dialog. Ergänze die Sätze.

1. Ming denkt, B ist Dieters Schwester.
   Aber B ist Dieters _____.

2. Ming denkt, C ist Dieters _____.
   Aber C ist Dieters _____.

3. Ming denkt, D ist Dieters _____.
   Das ist richtig.

**B3** Hör und lies den Dialog.

*(Es ist Sonntag. Ming besucht Dieter. Dieter zeigt Ming ein Familienfoto.)*

Ming:    Ist das deine Familie?
Dieter:  Ja. Rate doch mal, wer das ist?
Ming:    Ich denke, das ist deine Schwester.
Dieter:  Meine Schwester? Hm, nein, das ist nicht meine Schwester. Das ist meine Mutter.
Ming:    Wie alt ist denn deine Mutter?
Dieter:  Sie ist fast 40 Jahre alt.
Ming:    Ups, dann ... ist das dein Vater?
Dieter:  Nein, das ist mein Onkel. Er kommt aus Spanien.
Ming:    Wieder falsch. Ich rate noch einmal: Das ist deine Schwester. Ich bin ganz sicher, das ist deine Schwester.
Dieter:  Ja, richtig, das ist meine Schwester. Sie heißt Julia.

> **Grammatik leicht**
>
> | der Vater | mein Vater |
> | die Mutter | meine Mutter |
> | _____ Bruder | _____ Bruder |
> | _____ Schwester | _____ Schwester |

**B4** Ja oder nein? Partnerarbeit. Macht Dialoge.

● Kommt Johann Carl Friedrich Gauß aus den USA?
▲ **Nein, er kommt nicht aus den USA.**
● Kommt er aus Deutschland?
▲ **Ja, er kommt aus Deutschland.**

| Immanuel Kant | Deutschland |
|---|---|
| Wolfgang Amadeus Mozart | China |
| Konfuzius | Österreich |
| Johann Wolfgang von Goethe | Deutschland |

**B5** **Zahlen bis 100. Hör zu, sprich nach und ergänze.**

| | | | |
|---|---|---|---|
| 13 dreizehn | 19 … | 30 drei**ß**ig | 80 … |
| 14 vierzehn | 20 zwanzig | 31 einunddreißig | 90 … |
| 15 … | 21 **ein**undzwanzig | 40 vierzig | 100 (ein)hundert |
| 16 **sech**zehn | 22 zweiundzwanzig | 50 … | |
| 17 **sieb**zehn | 23 … | 60 … | |
| 18 … | … … | 70 … | |

**B6** **Schreib die Zahlen und notiere den Buchstaben im Kästchen. Das Lösungswort ist ein berühmter deutscher Mathematiker.**

100−54= ? _____ − _____ = _____ □.

21+17=? _____ + _____ = □ _____ .

12 * 8=? _____ * _____ = _____ □ .

66 ÷ 2=? _____ ÷ _____ = _____ □ .

Das Lösungswort: _____

| + | − | * | ÷ | = |
|---|---|---|---|---|
| plus | minus | mal | durch | gleich |

**B7** **Welche Zahlen hörst du? Kreuz an.**

1. 13 ☐  30 ☐     4. 60 ☐  16 ☐     7. 75 ☐  57 ☐

2. 17 ☐  7 ☐     5. 15 ☐  50 ☐     8. 11 ☐  12 ☐

3. 28 ☐  21 ☐     6. 99 ☐  10 ☐     9. 38 ☐  83 ☐

**B8** **Fragt und antwortet.**

Wie alt ist dein Vater / deine Mutter/ …?

Wie viel ist 20 plus/minus/ mal/durch 2 …?

# C Mings Familie

**C1** Wer ist wer? Lies die E-Mail.

*(Ming schreibt eine E-Mail an seinen Netzfreund Lukas.)*

An: lukas_2012@gmx.de
Betreff: Meine Familie
Lieber Lukas,

das ist meine Familie. Wir wohnen in Chengdu. Chengdu ist sehr schön. Mein Vater heißt Li Yesen. Er ist Ingenieur von Beruf. Er arbeitet bei Volkswagen. Er ist 45 Jahre alt und kommt aus Xi'an. Meine Mutter ist Hausfrau. Sie kommt aus Deutschland, aus München. Sie heißt Hanna und ist 40 Jahre alt. Meine Schwester Li Na ist erst fünf Jahre alt. Mein Papagei heißt Geo. Er ist sehr klug!
Dieter sagt, du kommst im Sommer nach Chengdu. Wir sind sehr froh darüber.

Viele Grüße

Ming

### Grammatik leicht

| er/sie | kommt | heißt | wohn... | arbeitet |
| wir | kommen | heißen | wohn... | arbeit... |
| Aber: | er/sie ist | wir sind | | |

### Kultur bunt

*Volkswagen ist eine bekannte Automarke aus Deutschland. Chinas große Automarken sind Hongqi, BYD, Geely usw.*

**C2** Lies die E-Mail noch einmal und ergänze dann die Tabelle.

| | Vater | Mutter | Geschwister | Haustier |
|---|---|---|---|---|
| Name | | | | |
| Stadt/Land | | | | |
| Beruf | | | | |
| Alter | | | | |

**C3** Berufe. Ordne zu und ergänze dann die männlichen oder weiblichen Formen der Berufe.

| Bild | Berufe (männlich) | Berufe (weiblich) |
|---|---|---|
| | der Schüler, - | |
| | der Ingenieur, -e | |
| | | die Lehrerin, -nen |
| | | die Hausfrau, -en |
| | der Arzt, ¨e | |

**C4** Sammle Berufe. Arbeite mit dem Wörterbuch.

**C5** Stellt Berufe im Standbild dar und ratet.

Was ist er/ sie von Beruf?

Ich denke, er/ sie ist ...

**C6** Sammle Berufe in deiner Familie und mach dann ein Poster mit Bildern und Texten.

**C7** Such ein Familienfoto und schreib eine E-Mail an eine Freundin / einen Freund aus Deutschland wie in C1.

# D    Spielbühne

**Du zeigst ein Familienfoto und stellst deine Familie vor der Klasse vor.**

# E    So sprechen wir korrekt!

> **Vokale: a – e (lang), a – e (kurz)**
> **Konsonanten: b – p, d – t, g – k**

**E1   Hör zu und sprich nach. Markiere die Vokale: lang „_" oder kurz „.".**

Va-ter, Tan-te, Na-me, Han-na, Arzt, Jahr, Staat
Schwes-ter, Le-on, er, Leh-rer, sechs, schlecht, See
Stadt, Deutsch-land, Tag, sieb-zehn, Werk, O-pa, lie-ber

**E2   Partnerarbeit: Entdecke die Regeln und nenne Beispiele aus Lektion 1 und Lektion 2.**

1. Wann spricht man „a" und „e" lang? Wann kurz?
2. Wie sind die Regeln bei Konsonanten-Paaren „b – p", „d – t", „g – k"?

**Ich finde die Regeln:**

a – e (lang): _____

a – e (kurz): _____

b – p, d – t, g – k: _____

**E3   Lies die Zungenbrecher.**

1. Alibabas acht Ameisen aßen acht Ananas.
2. Elias' Großeltern haben sechsundsechzig Etuis.

**Über ein Familienfoto sprechen**

- ● Ist das dein Vater?
- ▲ Ja, das ist mein Vater.
  Nein, das ist nicht mein Vater.
- ● Wie alt ist denn deine Mutter?
- ▲ Sie ist fast 40 Jahre alt.

- ● Was ist dein Vater von Beruf?
- ▲ Er ist Ingenieur.
- ● Rate doch mal, wer ist das?
- ▲ Ich bin ganz sicher. Das ist deine Schwester.

**Die eigene Familie vorstellen**

- – Das ist meine Familie.
- – Ich wohne in ...
- – Mein Vater / Meine Mutter heißt ...
- – Er/Sie ist ... von Beruf.
- – Er/Sie arbeitet bei ...
- – Er/Sie kommt aus ...
- – Er/Sie ist sehr schön/ klug.

**Eine E-Mail schreiben**

Liebe(r) ...,
Viele Grüße

**Außerdem kann ich ...**

... bis 100 zählen.
... mit Wörterbüchern nach unbekannten Wörtern suchen.

## Grammatik

**Personalpronomen und Verben**

| ich | komme | heiße | wohne | arbeite | bin |
| du | kommst | heißt | wohnst | arbeitest | bist |
| er/sie | kommt | heißt | wohnt | arbeitet | ist |
| wir | kommen | heißen | wohnen | arbeiten | sind |

**Possessivpronomen: Nominativ**

| | Maskulinum | Femininum |
|---|---|---|
| ich | mein Bruder | meine Schwester |
| du | dein Onkel | deine Tante |

**Ja/Nein-Fragen und Antworten**

| | | Verb | |
|---|---|---|---|
| | | Kommt | er aus Deutschland? |
| Ja, | er | kommt | aus Deutschland. |
| Nein, | er | kommt | nicht aus Deutschland. |

**Nomen: Berufe**

| Maskulinum | Femininum |
|---|---|
| der Lehrer | die Lehrerin |
| der Schüler | die Schülerin |

**Mind-Mapping**

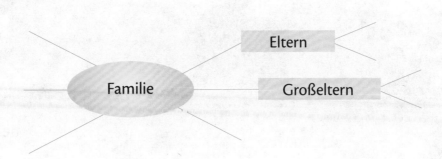

# 3 Ich habe ein Haustier.

## A Haustiere

das Pferd, -e

der Fisch, -e

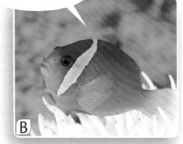

die Schildkröte, -n

die Katze, -n

das Kaninchen, -

der Hund, -e

## Hier lerne ich

*Sprachkompetenz*
über Haustiere sprechen und
schreiben; eine Vorliebe ausdrücken

*Kulturbewusstheit*
Überblick über Staatsflaggen

*Denkvermögen*
Phonetikregeln herausfinden

*Lernfähigkeit*
Wörter mit Karten lernen

das Meerschweinchen, -

G

die Spinne, -n

H

das Schaf, -e

I

die Ente, -n

J

die Schlange, -n

K

der Papagei, -en

L

### Lernen mit Spaß

**Tipp: Die deutschen Nomen haben drei Artikel: der, die, das.**
**Lern die Nomen immer mit *Artikel* und *Pluralform*!!!**
**z.B.** der Hund, -e; das Schaf, -e; die Schlange, -n.
**Finde noch andere Beispiele in A.**

der: _____

die: _____

das: _____

# B  Hast du ein Haustier?

**B1** Hör den Dialog. Welche Haustiere hörst du?

**B2** Hör den Dialog noch einmal. Richtig oder falsch? Kreuz an.

|  |  | R | F |
|---|---|---|---|
| 1. | Ming hat ein Haustier. | ☐ | ☐ |
| 2. | Ming hat einen Hund. | ☐ | ☐ |
| 3. | Lan hat auch ein Haustier. | ☐ | ☐ |
| 4. | Lan hat Katzen gern. | ☐ | ☐ |
| 5. | Mings Papagei ist 15 Jahre alt. | ☐ | ☐ |
| 6. | Lans Mutter mag Hunde. | ☐ | ☐ |

**B3** Hör den Dialog und sprich nach.

Lan: Hast du ein Haustier, Ming?

Ming: Ja, ich habe einen Papagei. Er heißt Geo.

Lan: Einen Papagei? Super. Ist er alt?

Ming: Ja, er ist schon 13 Jahre alt, wie ich.

Lan: Aha, das ist aber alt.

Ming: Und hast du auch ein Haustier, Lan?

Lan: Nein, ich habe leider kein Haustier. Ich habe Hunde sehr gern, aber meine Mutter mag keine Hunde.

Ming: Wie schade!

---

### Grammatik leicht

| | | |
|---|---|---|
| **der** Hund  Das ist ein/kein Hund. | Ich habe **einen/keinen** Hund. | **Er** ist schon 13 Jahre alt. |
| **das** Schaf  Das ist ein/kein Schaf. | Ich habe **ein/kein** Schaf. | **Es** ist schon alt. |
| **die** Katze  Das ist eine/keine Katze. | Ich habe **eine/keine** Katze. | **Sie** ist auch 10 Jahre alt. |

---

**B4** Gespräche. Fragt und antwortet.

Hast du ein Haustier?

Wie alt ist dein Hund/...?

Ist er/sie/es alt?

Wie heißt er/sie/es?

### Lernen mit Spaß

Wörter mit Karten lernen
*Auf der Vorderseite Englisch oder Chinesisch und auf der Rückseite Deutsch.*

**B5** **Ist das …? Partnerarbeit: Sieh dir die Bilder an. Frag und antworte.**

- Ist E **ein** Hund?
- Ja, E ist **ein** Hund.

- Ist E **eine** Katze?
- Nein, E ist **keine** Katze.
  Ich denke, E ist **ein** Hund.

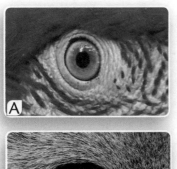

**B6** **Hast du …? Gruppenspiel: Würfle zweimal, frag und antworte.**

Hast du einen Hund?

Nein, ich habe keinen Hund.

Ja, ich habe einen Hund.

| | ⚀ | ⚁ | ⚂ | ⚃ | ⚄ | ⚅ |
|---|---|---|---|---|---|---|
| ⚀ | der Hund | noch mal würfeln | der Tiger | noch mal würfeln | die Schildkröte | der Pinguin |
| ⚁ | noch mal würfeln | der Wolf | noch mal würfeln | das Meer-schweinchen | die Kuh | noch mal würfeln |
| ⚂ | der Fisch | noch mal würfeln | der Fisch | noch mal würfeln | noch mal würfeln | die Spinne |
| ⚃ | noch mal würfeln | die Katze | das Schwein | der Vogel | noch mal würfeln | der Affe |
| ⚄ | das Schaf | noch mal würfeln | noch mal würfeln | das Pferd | der Papagei | noch mal würfeln |
| ⚅ | noch mal würfeln | noch mal würfeln | die Schlange | das Känguru | noch mal würfeln | die Ente |

# C     Ein Interview über Haustiere

**C1**   Chen Lan interviewt Dieter über das Thema Haustiere. Hör das Interview. Welche Haustiere hat Dieter?

**C2**   Hör das Interview noch einmal und ergänze die Fragen.

> 1. Wie alt ist dein Hund?     2. Dieter, hast du Haustiere?
> 3. Ach, sie sind so süß. Was machen sie da?     4. Und deine Katze?

Lan: _____

Dieter:   Ja. Ich habe einen Hund und eine Katze. Sie sind Freunde. Mein Hund heißt Tim und meine Katze heißt Kathrin.

Lan: _____

Dieter: Tim ist drei Jahre alt. Er ist ein Dackel. Er ist sehr klug. Er ist braun.

Lan: _____

Dieter: Meine Katze Kathrin ist erst neun Monate. Sie ist lieb. Sie ist schwarz und weiß. Schau, hier ist ein Foto von Tim und Kathrin.

Lan: _____

Dieter: Sie spielen mit dem Tennisball. Sie sind sehr fröhlich. Tim bellt und Kathrin miaut. Wir spielen oft zusammen. Ich mag sie sehr.

**C3**   Hör und sprich nach. Ergänze dann die Tabelle.

| | Dieters Hund | Dieters Katze |
|---|---|---|
| Name | | |
| Alter | | |
| Farbe | | |

**C4**   Hör den Dialog und antworte auf die Fragen.

*(Dieters Hund Tim ist weg, und seine Schwester Julia ruft die Polizei an.)*

1. Wie heißt der Hund von Dieter?
2. Ist der Hund ein Dackel?
3. Wie ist er?
4. Wie ist sein Halsband?
5. Wo wohnt Dieter?

> **Kultur bunt**
>
> *Der Dackel ist eine deutsche Hunderasse. Sein Körper ist lang und er hat kurze Beine.*

**C5** Farben-Wörter. Hör zu und sprich nach.

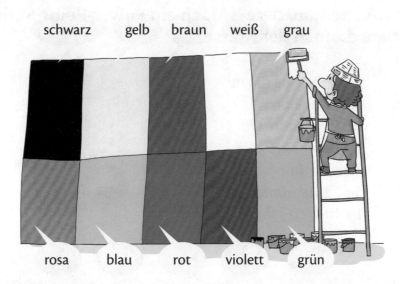

schwarz    gelb    braun    weiß    grau

rosa    blau    rot    violett    grün

**C6** Welche Farben bekommt man? Ergänze.

| | |
|---|---|
| 1. rot + weiß = | 4. blau + gelb = |
| 2. blau + rot = | 5. schwarz + weiß = |
| 3. gelb + schwarz = | 6. rot + blau + gelb = |

**C7** Recherchiere im Internet. Welche Farben haben die Flaggen? Fülle die Lücken.

1. Die Flagge von China ist _____ und _____.

2. Die Flagge von Deutschland ist _____, _____ und _____.

3. Die Flagge von Frankreich ist _____, _____ und _____.

4. Die Flagge von Brasilien ist _____, _____, _____ und _____.

5. Die Flagge von Südafrika ist _____, _____, _____, _____, _____ und _____.

**C8** Sammelt noch andere Flaggen. Beschreibt die Farben vor der Klasse.

# D Spielbühne

**Projekt „Meine Haustiere": Mach ein Power-Point-Skript und präsentiere dann in der Klasse.**

*Ich habe eine Katze.*
*Sie heißt Pipi.*
*Sie ist 10 Jahre alt.*
*Sie ist sehr lieb und schön.*
*Sie ist grau.*
*Sie miaut immer.*
*Ich mag sie sehr.*

# E So sprechen wir korrekt!

Vokale: i – o – u (lang)     i – o – u (kurz)
Konsonanten: m, n

**E1** **Hör zu und markiere die Vokale: lang „_" oder kurz „.".**

Spinne, Vogel, Ziege, Leopard, Tiger, Koala, Wolf, Tier, Biene, Tintenfisch, Pinguin, Pelikan, Floh, Kuh, Moskito, Henne, Hahn, Panda, Bock, Fliege, Hund, Boot, Monat, rot, lieb, klug, mag, wohnen, Ihnen, du, Mutter

**E2** **Finde die Regeln und nenne Beispiele aus Lektion 1 , 2 und 3.**

1. Wann spricht man „i", „o" und „u" lang?
2. Wann spricht man „i", „o" und „u" kurz?

**Ich finde die Regeln:**

i (lang): _____     u (lang): _____

o (lang): _____     i – o – u (kurz): _____

**E3** **Lesekönigin/Lesekönig. Lies die 31 Wörter in E1. Wer schafft beim Lesen 31 Punkte?**

**E4** **Lies die Zungenbrecher.**

1. Fischers Fritz fischt frische Fische, frische Fische fischt Fischers Fritz.
2. Florian flog froh vom frostigen Floß, vom frostigen Floß flog froh Florian.

### Über Haustiere sprechen

● Hast du ein Haustier?

▲ Ja, ich habe einen Papagei.
  Nein, ich habe kein Haustier.

● Ist dein Hund schon alt?

▲ Ja, er ist 13 Jahre alt, wie ich.

### Einen Text über Haustiere schreiben

Ich habe ... Er/Sie/Es heißt ... Er/Sie/Es ist ...

### Außerdem kann ich ...

... durch Staatsflaggen Farben-Wörter lernen.

... ein Power-Point-Skript über Haustiere erstellen und präsentieren.

---

## *Grammatik*

### Personalpronomen und Verben

| ich | habe | mag |
|-----|------|-----|
| du | hast | magst |
| er/sie/es | hat | mag |
| wir | haben | mögen |
| sie | haben | mögen |

### Unbestimmte Artikel: Nominativ und Akkusativ

| Nominativ | Das ist ein Hund / eine Katze / ein Schaf. |
|-----------|---------------------------------------------|
| Akkusativ | Ich habe einen Hund / eine Katze / ein Schaf. |

### Artikel und Personalpronomen

| der Fisch | Er ist weiß. |
|-----------|--------------|
| das Schaf | Es heißt Nichi. |
| die Schlange | Sie ist schön. |

### Ja/Nein-Fragen und Antworten

| | | Verb | |
|------|-----|------|------------------------|
| | | Hast | du eine Schildkröte? |
| Ja, | ich | habe | eine Schildkröte. |
| Nein, | ich | habe | keine Schildkröte. |

---

### Mind-Mapping

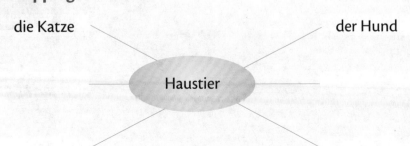

die Katze          der Hund

Haustier

# Station 1

## A Projekt: Meine Lieblingssängerin / Mein Lieblingssänger

**A1** Mind-Mapping: Wer ist deine Lieblingssängerin / dein Lieblingssänger?

**A2** Sammle Informationen und such Fotos im Internet.

a. Stelle Fragen.

> **Ein Sänger oder eine Sängerin:**
> 1. Wie heißt die Sängerin / der Sänger?
> 2. Woher kommt sie/er?
> 3. Wo wohnt sie/er?
> 4. Wie alt ist sie/er?
> 5. Hat sie / er einen Bruder / eine Schwester?
> ...

b. Schreib einen Text nach dem Muster „Meine Lieblingssängerin Annett Louisan".

> **Meine Lieblingssängerin: Annett Louisan**
>
> Meine Lieblingssängerin kommt aus Deutschland. Sie heißt Annett Louisan. Sie wohnt jetzt in Hamburg. Hamburg ist eine Großstadt in Deutschland. Annett Louisan ist 39 Jahre alt. Sie hat keinen Bruder und keine Schwester.
> ...

c. Mach ein Plakat mit Fotos und schreib Texte dazu.

d. Was ist dein Lieblingslied?

**A3** Präsentiere das Projekt.

a. Bereite deine Präsentation vor.

b. Präsentiere dann in der Klasse. Spiele/Singe am Ende das Lied.

## B  Kultur: Wir leben unter einem Dach.

**Sieh dir die Grafiken an und schreib die Antworten.**

0. *Wie viele Menschen in Deutschland leben allein?*
   *20 Prozent leben allein.*

1. Wie viele Menschen in Deutschland leben in Familien?

   _____

2. Wie viele Menschen in China leben allein?

   _____

3. Wie viele Menschen in China leben in Familien?

   _____


## C  Biologie: Die Tierwelt

**Wie heißen die Tiere? Ergänz die Tiernamen und ordne die Tiere der richtigen Tiergruppe zu.**

① Fleischfresser: _____
② Pflanzenfresser: _____
③ Allesfresser: _____
④ Tiere mit vier Beinen: _____

# 4 Was habt ihr heute?

## A Unterrichtsfächer

**A1** Ordne zu.

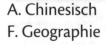

A. Chinesisch  B. Deutsch  C. Informatik  D. Chemie  E. Geschichte
F. Geographie  G. Mathematik  H. Kunst  I. Sport

## Hier lerne ich

**Sprachkompetenz**
über die Unterrichtsfächer sprechen

**Kulturbewusstheit**
den Stundenplan und das Noten-
system der deutschen Schule

**Denkvermögen**
die chinesischen und deutschen
Schulfächer vergleichen

**Lernfähigkeit**
Lernkarteien schreiben

**A2** **Manche deutschen Wörter sind ähnlich wie die englischen. Ordne zu.**

1. die Mathe
2. die Chemie
3. die Physik
4. die Biologie
5. die Musik
6. das Chinesisch
7. die Politik
8. das Englisch

A. English
B. Maths
C. Chinese
D. Music
E. Physics
F. Biology
G. Chemistry
H. Politics

| 1 | 2 | 3 | 4 | 5 | 6 | 7 | 8 |
|---|---|---|---|---|---|---|---|
| B |   |   |   |   |   |   |   |

### Lernen mit Spaß

*Du kennst viele englische Wörter. Sie sind ähnlich wie viele deutsche Wörter. Sie helfen beim Lernen. Schreib die Wörter auf die Lernkarteien.*

# B Stundenplan

**B1** **Lies den Stundenplan und schreib den Stundenplan auf Chinesisch.**

| | | Montag | Dienstag | Mittwoch | Donnerstag | Freitag |
|---|---|---|---|---|---|---|
| 1. | Vormittag | Chinesisch | NW | Mathe | Chinesisch | Englisch |
| 2. | | Mathe | Mathe | Geschichte | Politik | Mathe |
| 3. | | NW | Kunst | Deutsch | NW | Chinesisch |
| 4. | | Informatik | Deutsch | Sport | Deutsch | NW |
| 5. | Nachmittag | Englisch | Geschichte | NW | Mathe | Geschichte |
| 6. | | Musik | Chinesisch | Chinesisch | Sport | Deutsch |

*NW = Naturwissenschaft*

**B2** **Hör den Dialog und lies den Stundenplan in B1. Welcher Tag ist heute?**

**B3** **Hör den Dialog, sprich nach, und ergänze.**

*(Dieter und Chen Lan sind auf dem Weg zur Schule.)*

Dieter: Lan, was habt ihr denn heute?

Lan: Hier ist der Stundenplan. Heute ist Montag. Wir haben am Vormittag Chinesisch, Mathe, Naturwissenschaft und Informatik. Am Nachmittag haben wir noch Englisch und Musik.

Dieter: Das heißt, ihr habt jeden Tag sechs Stunden Unterricht.

Lan: Genau. Und wie viele Stunden Unterricht habt ihr in Deutschland?

Dieter: Wir haben auch 6 Stunden. Danach haben wir AG (学习小组) . Ich habe am Mittwoch Theater-AG.

Lan: AG haben wir auch. Ich habe am Montagnachmittag Kalligraphie-AG.

Dieter: Das ist aber interessant. Darf ich mitkommen?

Lan: Na klar.

| | | Schulfach | Stundenzahl | AG |
|---|---|---|---|---|
| Chen Lan | Vormittag | | | |
| | Nachmittag | | | |

**B4** **Schreib deinen Stundenplan auf Deutsch. Sprich mit deiner Partnerin / deinem Partner.**

## B5 Wochentage

**a. Hör das Wochentagelied und ergänze die fehlenden Wochentage.**

$1={}^b B \frac{4}{4}$

<u>0 . 5</u>　　<u>5 . 4</u>　　3 5　　<u>0 . 5</u>　　<u>5 . 4</u>　|　3 5　　<u>0 . 5</u>　　<u>4 . 5</u>　|

Erst　　kommt der　　Montag　　und　　dann der _____, danach　der

<u>6 . 7</u>　i̇　<u>0 . i̇</u>　<u>7 . 6</u>　|　<u>5 . 4</u>　3　<u>0 . 5</u>　<u>4 . 5</u>　|　6 6　　7 7 |

_____　und　dann der　Donnerstag　dann kommen　_____, Samstag

i̇ i̇　<u>0 . 3</u>　<u>2 . 3</u>　|　<u>4 . 6</u>　　<u>6 . 6</u>　　<u>5 . 4</u>　<u>3 . 2</u>　|　1　–　· · · |

Sonntag. Und　nach dem　Sonntag　geht es　dann von vorne　los.

**b. Welcher Tag ist heute? Wer hat heute Tafeldienst? Spielt Dialoge.**

| Tafeldienst | | | | |
|---|---|---|---|---|
| Montag | Dienstag | Mittwoch | Donnerstag | Freitag |
| Li Ming | Emilia | Dieter | Johanna | Chen Lan |

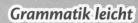

● Wer hat heute Tafeldienst?
▲ Hm, ich gucke mal. **Welcher Tag ist heute?**
● **Heute ist Donnerstag.**
▲ Am Donnerstag hat Johanna Tafeldienst.

> **Grammatik leicht**
>
> **an+dem = am**
> *am Montag*
> *am Dienstag*

## B6 Lies den Stundenplan von Dieter.

|  | Montag | Dienstag | Mittwoch | Donnerstag | Freitag |
|---|---|---|---|---|---|
| **1.** | Englisch | Mathe | Deutsch | Mathe | Physik |
| **2.** | Französisch | Französisch | Englisch | Geographie | Englisch |
| **3.** | Deutsch | Religion | Physik | Französisch | Mathe |
| **4.** | Deutsch | Englisch | Mathe | Geschichte | Deutsch |
| **5.** | Informatik | Deutsch | Sport | Kunst | Biologie |
| **6.** | Religion | Musik | Sport | Kunst | Informatik |

**a. Welche Fächer hast du auch? Welche nicht?**

**b. Wie viele Stunden Deutsch hat Dieter? Und du?**
　Wie viele Stunden Kunst hat er? Wie viele Stunden ... hast du?

# C Dieter mag Chinesisch.

**C1** **Hör den Dialog. Über welches Fach sprechen sie?**

**C2** **Hör den Dialog noch einmal. Richtig oder falsch? Korrigiere.**

1. Chen Lan ist in der Klasse 7b.
2. Chen Lan mag Deutsch.
3. Dieter mag auch Kunst.
4. Frau Li ist Chinesischlehrerin.

**C3** **Hör den Dialog und sprich nach.**

*(Gleich beginnt der Unterricht. Alle Schüler aus Klasse 7a sind schon da.)*

Lan: Wir haben jetzt Chinesisch. Magst du Chinesisch?

Dieter: Ja, sehr. Ich lerne schon zwei Jahre Chinesisch. Die Schriftzeichen sind wunderschön, wie Kunst.

Lan: Chinesisch mag ich auch. Ich mag Chinesisch, Deutsch und Biologie.

Dieter: Da kommt eine Lehrerin. Ist sie eure Chinesischlehrerin?

Lan: Ja, das ist Frau Li, unsere Chinesischlehrerin.

**C4** **Wortstellung im Aussagesatz.**

a. **Lies die Sätze aus dem Text und entdecke die Regel.**
1. Ich lerne schon zwei Jahre Chinesisch.
2. Ich mag Chinesisch, Deutsch und Biologie.
3. Chinesisch mag ich auch.

**Regel:** Im Aussagesatz steht _____ immer an zweiter Stelle.

b. **Bring die Wörter in die richtige Reihenfolge. Es gibt mehrere Möglichkeiten.**

Englisch, haben, Musik, am Montag, wir, und

**C5** **Macht Interviews.**

a. **Welche Fächer mögt ihr? Welche nicht? Frag mindestens fünf Mitschüler.**

| Was magst du? | Ich mag Chinesisch. |
|---|---|
| Magst du <u>Deutsch</u>? | Ja, ich mag <u>Deutsch</u> sehr. |
| | Nein, ich mag <u>Deutsch</u> nicht. |
| | Na ja, es geht. |

b. **Schreib dann das Ergebnis ins Heft.**
Mein Freund / meine Freundin ... mag ... sehr und mag ... nicht.

**C6** **Wer sind die Lehrer? Fragt und antwortet.**

● Da kommt ein Lehrer!
  Ist er euer Mathelehrer?
▲ Ja, das ist unser Mathelehrer Herr Ma.

Deutschlehrerin Frau Hu

Naturwissenschafts-
lehrerin Frau Xu

Englischlehrerin Frau Liu

Mathelehrer Herr Ma

Chinesischlehrer Herr Li

Sportlehrer Herr Chang

**C7** **Wie gut ist Dieter in der Schule? Lies sein Zeugnis und antworte.**

Einstein-Gymnasium
**ZEUGNIS**
NAME: Dieter

| | |
|---|---|
| Deutsch .......... 1 | Biologie ....... 4 |
| Chinesisch..... 2 | Religion ...... 2 |
| Geographie... 4 | Musik .......... 1 |
| Informatik..... 3 | Mathe ........2 |
| Physik ............. 1 | Kunst .......... 3 |

*Kultur bunt*

**Noten in der deutschen Schule**
1 = sehr gut
2 = gut
3 = befriedigend (Es geht.)
4 = ausreichend (Es geht gerade noch.)
5 = mangelhaft (schlecht)
6 = ungenügend (sehr schlecht)

1. Was hat Dieter in Deutsch/Biologie/... ?
2. In welchem Fach ist er gut?
3. In welchem Fach ist er nicht so gut?
4. Wie heißt die Schule?

# D  Spielbühne

Recherchiere im Internet, welche Schulfächer es in Deutschland gibt. Vergleiche
sie mit den Schulfächern in China. Berichte in der Klasse.

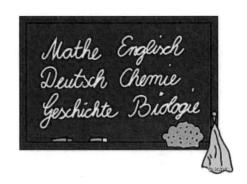

# E  So sprechen wir korrekt!

| Konsonant: ch | Umlaute: ä, ö, ü |
|---|---|
| Halbvokal/Konsonant: y | Satzmelodie: Aussagesatz |

## E1  Wir lernen den Ich-Laut und Ach-Laut.

**a. Hör zu, sprich nach und entdecke die Regel.**
**Ich-Laut:** Chemie, Chinesisch, Geschichte, ich, Schriftzeichen, Unterricht
**Ach-Laut:** auch, Buch, machen, Mittwoch, Nacht, noch

**Regel:** Nach den Vokalen _____, _____, _____ oder _____ wird *ch*
wie in *ach* [x] gesprochen und sonst wird *ch* wie in *ich* [ç] gesprochen.

**b. Lies die Zungenbrecher.**
A**ch**, i**ch** bin do**ch** ni**ch**t der fre**ch**e Dra**ch**en!
Na**ch**ts ma**ch**e i**ch** ni**ch**t fre**ch**e Sa**ch**en,
und nur Schnar**ch**en kommt aus meinem Ra**ch**en.

## E2  Hör zu, sprich nach und achte auf die Unterschiede. Kurz oder lang?

| | | |
|---|---|---|
| käme – kämmen | Öfen – öffnen | fühlen – füllen |
| wählen – Wände | lösen – löschen | Lüge – Lücke |
| Typ – Symbol | Analyse – Ypsilon | anonym – Ägypten |

**Aber:** y → j  *Yoga, Yacht, Yard*

## E3  Satzmelodie: Aussagesatz. Hör zu und lies die Sätze.

1. Mein Name ist Dieter Müller. ↘
2. Ich komme aus Berlin. ↘
3. Ich bin jetzt Gastschüler in China. ↘
4. Ich mag Chinesisch sehr. ↘

# Das kann ich

**Einen Stundenplan lesen und schreiben**

– Was habt ihr heute?                    – Wie viele Stunden Deutsch hast du?

**Wochentage nennen**

Montag, Dienstag, Mittwoch, Donnerstag, Freitag, Samstag, Sonntag
● Welcher Tag ist heute?              ▲ Heute ist Montag.

**Eine Vorliebe ausdrücken**

● Was magst du?                        ▲ Ich mag Deutsch.

---

## *Grammatik*

**Verb**

| ich | beginne | lerne | wir | beginnen | lernen |
|---|---|---|---|---|---|
| du | beginnst | lernst | ihr | beginnt | lernt |
| er/sie/es | beginnt | lernt | sie/Sie | beginnen | lernen |

**Personalpronomen und Possessivpronomen**

wir – unser (1. Person Plural)     ihr – euer (2. Person Plural)

**Präposition: an**

am = an + dem  Am Nachmittag haben wir noch Englisch und Musik.
Ich habe am Mittag Theater-AG.

**Verschiedene Wortstellungen im Aussagesatz**

| Position 1 | Position 2: Verb | |
|---|---|---|
| Der Unterricht | **beginnt** | gleich. |
| Gleich | **beginnt** | der Unterricht. |
| Wir | **haben** | heute Englisch und Musik. |
| Heute | **haben** | wir Englisch und Musik. |
| Englisch und Musik | **haben** | wir heute. |

---

**Mind-Mapping**

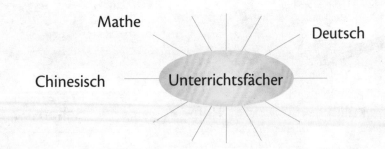

# 5 Ich packe meine Schulsachen.

**Bist du so weit?**

## A Schulsachen

**A1** Hör zu und sprich nach.

| Maskulinum | Neutrum | Femininum | Plural |
|---|---|---|---|
| ein (mein, dein) | ein (mein, dein) | eine (meine, deine) | - (meine, deine) |
| Bleistift | Buch | Tafel | Schulsachen |
| Kuli | Heft | Schere | Farbstifte |

## Hier lerne ich

*Sprachkompetenz*
über Schulsachen sprechen

*Kulturbewusstheit*
Schultüte für Schulanfänger

*Denkvermögen*
eine Spende planen und organisieren

*Lernfähigkeit*
eine Verlustmeldung nach Muster
schreiben

| Maskulinum | Neutrum | Femininum | Plural |
|---|---|---|---|
| ein (mein, dein) | ein (mein, dein) | eine (meine, deine) | - (meine, deine) |
| Füller | Lineal | Schultasche | Bücher |
| Radiergummi | Mäppchen | Kreide | |
| Spitzer | | | |
| Klebestift | | | |

**A2**  **Was ist in deiner Schultasche?
Zeig es in der Klasse.**

*Man spricht so:*

*Ich habe einen ... in meiner Schultasche.*
*Ich habe ein ...*
*Ich habe eine ...*
*Ich habe zwei/drei/vier ...*

# B      Mein Mäppchen ist weg.

**B1**   **Eine Verlustmeldung. Lies und sage, worum es geht.**

(*An der Pinnwand* (告示栏) *in der Schule hängt ein Zettel.*)

> *Hallo Leute,*
>
> *ich heiße Ming und bin in der Klasse 7a. Mein Mäppchen ist seit heute Morgen weg und ich finde es nicht mehr. Im Mäppchen sind ein Lineal, ein Füller, zwei Kulis, ein Radiergummi und drei Bleistifte. Es ist blau und ziemlich groß. Das Mäppchen ist ein Geschenk von Oma und ich mag es sehr. Ich bitte um eure Hilfe. Danke!*
>
> *Ming*
> *20.09.2023*

**B2**   **Lies den Text noch einmal. Was ist im Mäppchen? Kreuz an und schreib die Zahl hinzu.**

| Füller | Spitzer | Radiergummi | Kuli | Farbstift | Schere | Lineal | Klebestift | Bleistift |
|--------|---------|-------------|------|-----------|--------|--------|------------|-----------|
| X |  |  |  |  |  |  |  |  |
| 1 |  |  |  |  |  |  |  |  |

**B3**   **Lies den Text zum dritten Mal und antworte.**

1. Wie viele Stifte hat Ming im Mäppchen?
2. Wie sieht das Mäppchen aus?
3. Warum mag Ming sein Mäppchen sehr?
4. Was kann Ming neben einer Verlustmeldung noch machen?

**B4**   **Im Schreibwarenladen.**

(*Ming findet sein Mäppchen nicht mehr. Nach der Schule geht er in einen Schreibwarenladen.*)

Verkäuferin:   Sie wünschen?

Ming:   Guten Tag. Mein Mäppchen ist weg, ich finde es nicht mehr. Ich brauche ein neues Mäppchen.

Verkäuferin:   Oh, wie schade. Was für ein Mäppchen möchtest du denn? ...

> **Grammatik leicht**
>
> *Nominativ: er   es   sie*
> *Akkusativ: ihn   es   sie*

Was braucht Ming noch? Spiel ähnliche Dialoge mit deiner Partnerin / deinem Partner.

(Kuli, Radiergummi, Lineal, Schere, Heft ...)

**B5** **Welche Schulsachen braucht man für die verschiedenen Fächer?**

a. Diskutiert in Gruppen und ergänzt die Tabelle mit Hilfe vom Wörterbuch.

| Deutsch | Kunst | Sport | Geographie | ... |
|---------|-------|-------|------------|-----|
| CDs ... | Farbstifte ... | Sportschuhe ... | Landkarte ... | ... |

b. Spiel Dialoge mit deiner Partnerin / deinem Partner.

**Kunst**

Schüler A: Die nächste Stunde ist Kunst. Hast du alles dabei?

Schüler B: Ich habe Farbstifte, ein Lineal, einen Zirkel ...

Schüler A: Hast du auch eine Schere?

Schüler B: Ja, eine Schere habe ich auch.

Schüler B: Nein, ich habe keine Schere.

Schüler A: Keine Sorgen. Du kannst meine Schere nehmen.

**B6** **Deutsche Schulsachen. Recherchiere im Internet.**

Welche interessanten Schulsachen findest du dort? Gibt es Unterschiede zwischen chinesischen und deutschen Schulsachen? Erzähle in deiner Klasse.

**B7** **Schreib eine Verlustmeldung.**

Die Schule ist aus. Alle Schüler packen ihre Schultaschen. Aber deine Schultasche ist weg. Wo ist sie? Schreib eine Verlustmeldung.

**Redemittel**

... ist weg.

Ich finde ... nicht mehr.

In der Schultasche sind ...

Ich bitte um ...

# C  Wessen Mäppchen ist das?

**C1**  Hör den Dialog. Was sehen sie auf dem Sportplatz?

☐ 1. Mäppchen          ☐ 2. Schultasche

**C2**  Hör den Dialog noch einmal. Richtig oder falsch? Korrigiere.

1. Die zwei Schülerinnen sind zu Hause.
2. Chen Lans Mäppchen ist groß.
3. Mings Mäppchen ist dunkelblau.
4. Das ist Mings Mäppchen.

**C3**  Hör den Dialog und sprich nach.

*(Zwei Schülerinnen machen auf dem Sportplatz Sport.)*

● Schau mal! Da ist ein Mäppchen! Wessen Mäppchen ist das?
▲ Ist das Chen Lans Mäppchen? Ich glaube, ihr Mäppchen ist auch blau.
● Nein, ihr Mäppchen ist hellblau und klein. Und das hier ist dunkelblau und groß.
▲ Ist das vielleicht Mings Mäppchen? Sein Mäppchen ist auch dunkelblau und ziemlich groß.
● Stimmt, dann gehen wir zu Ming und fragen ihn.

**C4**  Wer spendet was?

a. Chen Lan und ihre Mitschüler wollen für ein Kinderheim Spenden sammeln. Habt ihr gute Ideen? Entwerft ein Plakat auf Deutsch und auf Chinesisch in Gruppen.
b. Wer spendet was? Schaut euch die Spendenliste an. Fragt und antwortet.

| Spendenliste | |
| --- | --- |
| Ming | drei Lineale |
| Jonas | eine Schere |
| Hans | ein Klebestift |
| Maria | ein Mäppchen |
| Emma | zwei Mathehefte |
| Lan | ein Buch |
| ... | ... |

● *Wessen Buch ist das?*
▲ *Das ist Chen Lans Buch.*

● *Wessen Schere ist das?*
▲ *Das ist Jonas' Schere.*

**C5** **Heute geht Li Ming zu Chen Lan. Sie machen zusammen Hausaufgaben.**

a. **Wie heißen Mings und Lans Sachen?**

**Ming**

Das ist **sein** Lineal.
Das ist _____ Bleistift.
Das ist _____ Schere.

**Lan**

Das ist **ihr** Buch.
Das ist _____ Füller.
Das ist _____ Schere.

b. **Die Schulsachen von Ming und Lan sehen unterschiedlich aus. Beschreib sie.**
   _Ming hat eine Schere. Seine Schere ist dunkelgrün._
   _Lan hat auch eine Schere, aber ihre Schere ist hellgelb._

c. **Wie sehen deine Schulsachen aus? Beschreib sie.**

> **Grammatik leicht**
>
> | sein | Kuli | ihr | Kuli |
> |------|------|-----|------|
> | sein | Heft | ihr | Heft |
> | seine | Tasche | ihre | Tasche |

| hell... und dunkel... | | |
|---|---|---|
| dunkelblau | blau | hellblau |

**C6** **Schultüte. Sieh dir das Bild an und antworte.**

Julia ist die kleine Schwester von Dieter. Sie ist schon 6 Jahre alt und kommt heute in die Schule. Sie bekommt eine Schultüte (入学礼品袋) von ihren Eltern. Was kommt in die Schultüte? Beschreib die Sachen.

> **Kultur bunt**
>
> _Die Schultüten (auch Zuckertüten) für Schulanfänger sind ein Brauch, der seit dem 19. Jh. in Deutschland zur Einschulung gepflegt wird._

# D    Spielbühne

Die zwei Mitschülerinnen von Ming finden auf dem Sportplatz ein Mäppchen. Ist das wirklich Mings Mäppchen? Im Klassenraum sprechen sie mit Ming. Spielt die Szene.

# E    So sprechen wir korrekt!

Diphthonge: ei, ai    Konsonanten: r, l
Satzmelodie: Ja/Nein-Frage

### E1  Hör zu und lies die Wörter.

Bann – Bein        Mann – Main
Panne – Pein       Wasser – Waise
Kamm – Keim        Kanne – Kai

### E2  Wo hört man das [r]? Kreuz an.

|          | ja | nein |             | ja | nein |
|----------|----|------|-------------|----|------|
| breit    |    |      | Donnerstag  |    |      |
| Farbstift|    |      | Freitag     |    |      |
| Lehrer   |    |      | grün        |    |      |
| Kreide   |    |      | Radiergummi |    |      |

**Regel:** Ein [r] spricht man vor …

| Vokalen | Diphthongen | Umlauten | Konsonanten |
|---------|-------------|----------|-------------|
|         |             |          |             |

### E3  R-Laut oder L-Laut? Hör zu und lies die Wörter.

hell – Herr        Geld – Gerd        Land – Rand
legen – Regen      leicht – reicht    Lein – Rain
Reiter – Leiter    vier – viel

**Lernen mit Spaß**

*Beim Üben des [r] nimmt man einen Schluck Wasser in den Mund, beugt den Kopf nach hinten und gurgelt.*

### E4  Lies die Zungenbrecher.

1. Rauchlachs mit Lauchreis. Lauchreis mit Rauchlachs.
2. Reni lehrt Leni rechts lang laufen. Rechts lang laufen lehrt Reni Leni.
3. Robert lobt lange Ritas liebe Rede.

### E5  Satzmelodie: Ja/Nein-Frage. Hör zu und lies die Sätze.

● Heißt du Ming? ↗          ● Ist dein Mäppchen rot? ↗
▲ Ja, ich heiße Ming. ↘     ▲ Nein, mein Mäppchen ist blau. ↘

# Das kann ich

**Über Schulsachen sprechen**

● Wessen Deutschbuch ist das?
▲ Das ist Emmas Deutschbuch.

**Farben *hell...* und *dunkel...* nennen**

Mings Mäppchen ist dunkelblau.

**Eine Verlustmeldung verstehen und schreiben**

– ... ist weg. / Ich finde ... nicht mehr.
– In der Schultasche sind ...
– Ich bitte um ...

## Grammatik

**Verb**

| ich | hänge | finde | bitte | gehe |
| du | hängst | findest | bittest | gehst |
| er/sie/es | hängt | findet | bittet | geht |
| wir | hängen | finden | bitten | gehen |
| ihr | hängt | findet | bittet | geht |
| sie/Sie | hängen | finden | bitten | gehen |

**Personalpronomen: Akkusativ**

| Nominativ | er | sie | es | sie (Pl.) |
| Akkusativ | **ihn** | **sie** | **es** | **sie** |

**Possessivpronomen: Nominativ**

| | *m.* | *n.* | *f.* | Pl. |
| er | **sein** Kuli | **sein** Buch | **seine** Tasche | **seine** Farbstifte |
| sie | **ihr** Kuli | **ihr** Buch | **ihre** Tasche | **ihre** Farbstifte |

**Mind-Mapping**

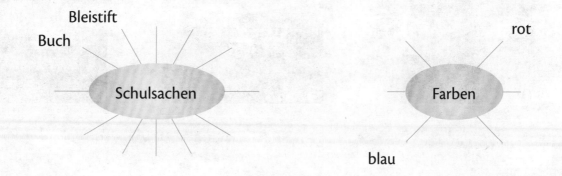

Bleistift
Buch
Schulsachen

rot
Farben
blau

# 6 Das Schulleben ist toll!

## A    Meine Schule

# Hier lerne ich

**Sprachkompetenz**
über die Schule und das Schulleben sprechen

**Kulturbewusstheit**
Schulen in Deutschland

**Denkvermögen**
das Schulleben in China und in Deutschland vergleichen

**Lernfähigkeit**
eine E-Mail nach Muster schreiben

**A1** **Wie heißen die Häuser und Schulanlagen? Ordne zu.**

1. der Sportplatz (     )
2. die Bibliothek (     )
3. das Schülerwohnheim (     )
4. der Computerraum (     )
5. die Schulkantine (     )
6. das Unterrichtsgebäude (     )

**A2** **Spiel Dialoge mit deiner Partnerin / deinem Partner.**

Ist das hier das Klassenzimmer?

Ja, das ist das Klassenzimmer.

Wo finde ich die Bibliothek?

Nein, das ist der Computerraum.

Wo finde ich den Sportplatz?

Da vorne ist die Bibliothek.

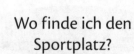

> **Grammatik leicht**
>
> **bestimmter Artikel im Nominativ**
> *der, die, das; die*

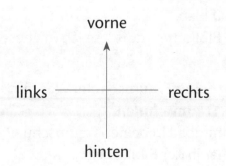

Links ist der Sportplatz.

vorne

links ——————— rechts

hinten

# B   Meine Schule ist ein Internat.

**B1**   **Hör den Dialog. Was ist ein Internat (寄宿学校)?**

**B2**   **Hör den Dialog noch einmal und ergänze.**

> Unterrichtsgebäude     Bibliothek     Gastschüler
> Lehrerzimmer     Schülerwohnheim

**In der Schule.**
*(Chen Lan zeigt Dieter die Schule.)*

Lan:     Hier ist unsere (1) _____. Dort sind drei (2) _____ und ein
          Schülerwohnheim ...
Dieter:   Ein (3) _____?
Lan:     Ja, genau.
Dieter:   Wohnt ihr alle dort?
Lan:     Ja, unsere Schule ist ein Internat.

*(Vor dem Lehrerzimmer treffen Chen Lan und Dieter ihre Deutschlehrerin.)*

Lan:     Frau Hu. Das ist unser (4) _____ Dieter.
Dieter:   Guten Tag, Frau Hu.
Frau Hu: Grüß dich, Dieter.
Dieter:   Frau Hu, ist das hier Ihr Lehrerzimmer?
Frau Hu: Ja, das ist mein (5) _____.
Lan:     Gehen Sie zum Unterricht?
Frau Hu: Ja, jetzt habe ich Unterricht.
Dieter:   Ok, dann bis später!
Frau Hu: Bis dann!

**B3**   **Hör den Dialog und sprich nach.**

**B4**   **Meine Traumschule.**

> Meine Traumschule ist sehr groß / nicht groß.
> Dort gibt es einen Sportplatz, ein ... und eine ...
> Alle Gebäude sind blau.
> Es gibt eine tolle Bibliothek, dort lese ich Bücher.

> **Grammatik leicht**
>
> *Es gibt ...*

a.  **Mal und beschreib deine Traumschule. Was gibt es darin?**
b.  **Sprecht über eure Traumschulen.**
     1. Gibt es ein Schwimmbad in deiner Traumschule?
     2. Gibt es viele Bücher in der Bibliothek? ...

**B5** **Duzen und siezen in der Schule. Interviews in der Klasse.**

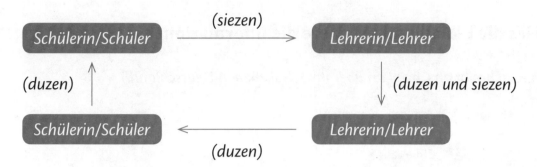

a. **Frag deine Partnerin / deinen Partner.**
S1: Woher kommst du?
S2: Ich komme aus Shanghai.
S1: Was ist deine Lieblingsmusik?
S2: Jazz.
...

b. **Frag deine Lehrerin / deinen Lehrer.**
S: Woher kommen Sie?  L: Ich komme aus Hangzhou.
S: Was ist Ihre Lieblingsmusik?  L: Klassische Musik.
...

> **Grammatik leicht**
>
> **Du-Form und Sie-Form**
> du        Sie
> dein(e)   Ihr(e)

**B6** **Schulen in Deutschland.**

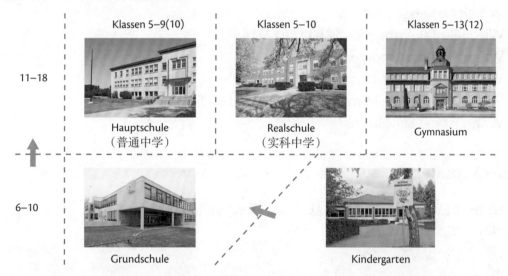

a. **In welche Schule gehen sie? Hör die Texte und ergänze die Schularten.**

| Name | Sarah | Paul | Alisa | Max |
|---|---|---|---|---|
| **Schulart** | | | | |

b. **Hör die Texte noch einmal und ordne die Wörter zu.**
Klasse 7, Klasse 8, 6 Jahre alt, 12 Jahre alt, Mittlere Reife (实科中学毕业文凭), Abitur, Hamburg, Fußballprofi, Mathematik, 6 Stunden, Berufsschule, Schultüte

1. Sarah: ............................................   3. Paul: ............................................

2. Alisa: ............................................   4. Max: ............................................

# C    Leas Schulleben

**C1**  **Lies die E-Mail und markiere die Informationen zu den Zeitangaben.**

*(Lea schreibt an Chen Lan über ihr Schulleben in Deutschland.)*

mein Schulleben

Liebe Lan,
ich heiße Lea und wohne in Berlin. Meine Schule heißt „Einstein-Gymnasium". Ich bin in der Klasse 7b.
Wir haben von Montag bis Freitag Schule. Ich stehe jeden Tag um sechs Uhr auf. Nach dem Frühstück
gehe ich zur Schule. Um acht Uhr beginnt der Unterricht. Am Vormittag haben wir vier Stunden
Unterricht, dann haben wir am Mittag eine Stunde Pause. Am Nachmittag haben wir noch zwei
Stunden. Um vier Uhr ist die Schule aus. Dann gehe ich nach Hause. Wie ist dein Schulleben in China?
Viele Grüße
Lea

**C2**  **Antworte anhand deiner Notizen.**

1. In welche Klasse geht Lea?
2. Wie viele Tage pro Woche hat Lea Schule?
3. Wann steht Lea morgens auf?
4. Wann beginnt der Unterricht?
5. Wie viele Stunden Unterricht hat Lea jeden Tag?
6. Wann ist die Schule aus?

**C3**  **Dein Schulleben**

a. **Ist dein Schulleben anders als Leas? Beschreib dein Schulleben in Gruppen.**
   *Um 7 Uhr mache ich ...*
   *Um 9 Uhr ...*

b. **Antworte auf Leas E-Mail und beschreib dein Schulleben.**

> **Wie schreibt man eine E-Mail an eine Freundin / einen Freund?**
> 1. *Anrede*
>    *Liebe Anna, (Mädchen)*
>    *Lieber Leon, (Junge)*
> 2. *Text*
> 3. *Schlussformel (Viele Grüße / Liebe Grüße / ...)*
> 4. *Unterschrift*

> **Redemittel**
>
> Ich habe von ... bis ... Schule.
> Ich stehe um ... auf.
> Um ... beginnt der Unterricht.
> Am Vormittag habe ich ...
> Am Nachmittag habe ich ...
> Um ... gehe ich nach Hause.

**C4** **Uhrzeiten**

Wie viel Uhr ist es?          Es ist sieben Uhr.

**a. Wie spät ist es?**

| (formell) | (informell) |
|---|---|
| Es ist ein Uhr. | Es ist eins. |
| Es ist zwei Uhr. | Es ist zwei. |
| Es ist drei Uhr. | Es ist drei. |
| Es ist dreizehn Uhr. | Es ist eins. |

**b. Ratespiel: Früher oder später?**
**Ein Schüler zeichnet eine Uhr, die anderen raten.**

- ● Wie spät ist es?
- ▲ Drei Uhr.
- ● Später.
- ■ Fünf Uhr.
- ● Früher.
- ★ Vier Uhr.
- ● Richtig.

**c. Der Zeitplan von Chen Lan am Sonntag zu Hause.**
*Wann macht sie was? Fragt und antwortet.*

| 7.00 | aufstehen |
|---|---|
| 8.00 | frühstücken |
| 9.00 | Hausaufgaben machen |
| 10.00 | Volleyball spielen |
| 11.00 | mit Mama kochen |

- ● *Wann steht Chen Lan auf?*
- ▲ *Sie steht um sieben Uhr auf.*

> **Grammatik leicht**
>
> **um + Uhrzeit**
> *um sieben (Uhr)*
> *um zehn*

**C5** **Tageszeiten**

**a. Hör zu, zeig auf die Bilder und sprich nach.**

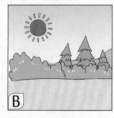
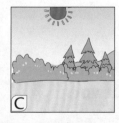
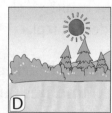

| am Morgen | am Vormittag | am Mittag | am Nachmittag | am Abend |
|---|---|---|---|---|

**b. Hör die Fragen und antworte.**

# D  Spielbühne

Eine Schülergruppe aus eurer Partnerschule kommt zuBesuch. Am ersten Tag stellt ihr die Schule und das Schulleben vor. Spielt die Szenen in Gruppen. (Einige spielen die Gastschüler, einige stellen die Schule vor.)

# E  So sprechen wir korrekt!

> Diphthonge: au, eu(äu)    Konsonanten: h, j    Satzmelodie: W-Frage

**E1  Hör zu und lies vor.**

a – e – i – o – u
ra – re – ri – ro – ru
la – le – li – lo – lu
ha – he – hi – ho – hu
ja – je – ji – jo – ju

**E2  Hör zu und sprich nach.**

| | | | |
|---|---|---|---|
| Haut – Häute | Raum – Räume | Maus – Mäuse | Maul – Mäuler |
| Eile – Eule | Leiter – Leute | Beile – Beule | dein – deuten |

**E3  Lesekönigin/Lesekönig. Lies die 22 Wörter. Wer schafft beim Lesen 22 Punkte?**

rauchen, räuchern, Japan, Jammer, Mais, Keun, Häuser, gleich, Typ, Juni, möchten, Höhle, Fälle, Räte, beten, Pille, Teller, für, Füller, Symbol, Maul, Beutel

**E4  Hör zu und lies die Sätze.**

1. Wie geht es dir? ↗
2. Wo ist der Sportplatz? ↘

> **Bei W-Fragen (steigt oder fällt)**
> Wenn man neutral spricht,
> _____ die Melodie.
> Wenn man höflich spricht,
> _____ die Melodie.

**E5  Lies die Sätze, markiere die Melodie (↗oder↘) und lies laut vor.**

1. Ich zeige dir die Schulkantine. (     )
2. Wohnt ihr alle in der Schule? (     )
3. Wo sind die Unterrichtsgebäude? (     )
4. Es gibt hier eine Bibliothek. (     )
5. Wie heißt du? (     )

### Die Schule und das Schulleben beschreiben

– Die Schule ist schön, **es gibt** dort einen Sportplatz ...
– Ich habe von ... bis ... Schule. Ich stehe um ... auf.
– Um ... beginnt der Unterricht. Um ... gehe ich nach Hause.

### Nach der Zeit fragen

● Wie viel Uhr ist es?      ● Wie spät ist es?

▲ Es ist zehn.           ▲ Es ist zehn Uhr.

### Über die Tageszeit sprechen

● Wann beginnt der Unterricht?      ● Wann ist der Unterricht aus?

▲ Um acht Uhr.               ▲ Um vier Uhr.

● Um wie viel Uhr hast du Mittagspause?   ● Wann hast du Sport?

▲ Um zwölf Uhr.              ▲ Am Nachmittag.

| am Morgen | am Vormittag | am Mittag | am Nachmittag | am Abend |

### Eine E-Mail an eine Freundin / einen Freund schreiben (Siehe S.52)

---

## *Grammatik*

**Personalpronomen und Possessivpronomen**

Sie – Ihr (2. Person Sie-Form)      sie – ihr (3. Person Plural)

**Präpositionen**

um                Der Unterricht beginnt um acht Uhr.
                 Die Schule ist um vier Uhr zu Ende.

von ... bis ...        Wir haben von Montag bis Freitag Schule.

**bestimmte Artikel im Nominativ**

Das ist **der** Computerraum.  Das ist **die** Bibliothek. Das ist **das** Klassenzimmer.

---

### Mind-Mapping

der Sportplatz          Mittagspause

die Schulkantine          Unterricht

**Schule**        **Schulleben**

um 6 Uhr aufstehen

# Station 2

## A Projekt: Einen chinesischen Scherenschnitt basteln

**A1** Die Gastschüler aus Deutschland fliegen bald zurück. Was könnt ihr ihnen schenken? Vielleicht ist der chinesische Scherenschnitt eine prima Idee. Basteln wir jetzt einen Scherenschnitt.

**a. Was braucht man für den chinesischen Scherenschnitt? Kreuz an.**

☐ Papier    ☐ Schere    ☐ Kreide    ☐ Wasserfarbe    ☐ Bleistift
☐ Radiergummi    ☐ Zirkel    ☐ Lineal    ☐ Heft    ☐ Landkarte

**b. Wie bastelt man einen Scherenschnitt? Bilde Sätze.**

1. falte (折叠) ich Papier das einfach

_____

2. ich zeichne Panda mit einen Bleistift dem

_____

3. Schere mit schneide ich den Panda der

_____

4. mit Wasserfarbe ich male den Panda

_____

**c. Ein Minivideo aufnehmen.**
Was für einen Scherenschnitt möchtest du basteln? Jetzt bist du dran. Geteilte Freude ist doppelte Freude. Beim Basteln lässt du zugleich ein Minivideo aufnehmen. So kann dein deutscher Freund dein Werk bekommen und auch lernen, wie man einen chinesischen Scherenschnitt bastelt.

**A2** **Kennst du die Bilder unten? Wofür stehen die Symbole? Ordne zu.**

☐ 1. Peking-Oper     ☐ 2. Harmonie     ☐ 3. Reichtum

# B Kultur: Vier Schätze des Studienzimmers

**B1** Dieter hat heute Kalligraphie-AG. Welche Schulsachen soll er mitbringen? Kreuz an.

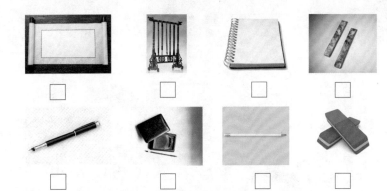

☐ ☐ ☐ ☐

☐ ☐ ☐ ☐

**B2** Was heißen die „vier Schätze des Studienzimmers"? Ordne zu.

笔　　　墨　　　纸　　　砚

Papier　　Pinsel　　Reibstein　　Tusche

# C Literatur: Schriftsteller und Werke

**C1** Rechts sind drei literarische Werke. Zu welchen Gattungen gehören sie? Ordne zu.

☐ 1. Roman　　☐ 2. Gedicht　　☐ 3. Märchen

**C2** Kennst du die Schriftsteller?

☐ 1. Man nennt das Goethe-Institut nach seinem Namen.
☐ 2. Seine Gedichte singt man gern.
☐ 3. Die beiden sind Brüder. Sie schreiben neben Märchen
auch das berühmte „Deutsche Wörterbuch".

**C3** Lies „*Die Lorelei*" von Heinrich Heine. Viele Musiker haben dieses Gedicht vertont. Such im Internet das Lied und sing es in der Klasse.

**Die Lorelei**

Ich weiß nicht, was soll es bedeuten,
Dass ich so traurig bin,
Ein Märchen aus uralten Zeiten,
Das kommt mir nicht aus dem Sinn.
Die Luft ist kühl und es dunkelt,
Und ruhig fließt der Rhein;
Der Gipfel des Berges funkelt,
Im Abendsonnenschein ...

# 7 Ich habe Hunger.

## A Rund um das Frühstück!

**A1** **Was frühstücken die Deutschen? Ordne zu.**

☐ 1. Zum Frühstück gibt es bei uns Brot mit Marmelade und Butter.

☐ 2. Ich frühstücke ein Brötchen mit Käse und Obst.

☐ 3. Zum Frühstück esse ich gerne Müsli mit Joghurt.

☐ 4. Ich trinke zum Frühstück Tee oder Kaffee.

---

**Redemittel**

Ich esse gerne ... zum Frühstück.

Ich frühstücke ...

Zum Frühstück gibt es bei uns ...

---

## Hier lerne ich

*Sprachkompetenz*
über Lebensmittel sprechen

*Kulturbewusstheit*
interkultureller Vergleich von
Essgewohnheiten in China und
Deutschland

*Denkvermögen*
das Frühstück in China und
Deutschland vergleichen

*Lernfähigkeit*
grammatische Regeln selbst
entdecken

 **Wie frühstücken wir in China? Fragt und antwortet.**

Ich frühstücke so viele
Sachen. Das ist normal in
Südchina!

In China essen wir morgens oft
Nudeln. Du auch?

Ich esse gerne Baozi
zum Frühstück.

Zum Frühstück essen
viele Chinesen auch
gerne Reissuppe.

## B  Das Büfett ist toll!

**B1**  **Hör den Dialog und markiere die Lebensmittel im Dialog.**

Müsli, Milch, Joghurt, Brötchen, Brot, Käse, Schinken, Butter, Ei, Orangensaft, Apfelsaft, Kaffee, Tee

**B2**  **Hör den Dialog noch einmal und ergänze die Tabelle.**

| Name | zum Essen | zum Trinken |
|---|---|---|
| Chen Lan | | |
| Dieter | | |

**Grammatik leicht**

Ich trinke *einen Tee / keinen Tee.*
Ich frühstücke *ein Ei / kein Ei.*
Ich esse *eine Banane / keine Banane.*

**B3**  **Hör und sprich nach.**

*(Chen Lan besucht einen Sommerkurs in Berlin. Sie frühstückt zusammen mit Dieter in der Jugendherberge.)*

Lan:  Guten Morgen, Dieter. Wie geht's?
Dieter:  Guten Morgen. Danke, gut. Ich habe jetzt Hunger.
Lan:  Ich auch. Hm, das Büfett ist toll! Hm, ich nehme erst mal Müsli mit Joghurt. Und du?
Dieter:  Also, ich nehme zwei Brötchen mit Käse und Schinken.
Lan:  Und was trinkst du?
Dieter:  Orangensaft natürlich! Ich brauche viel Vitamin C für den Tag. Und du?
Lan:  Ich trinke gerne was Warmes, einen Tee vielleicht.
...

**B4**  **Chen Lan schreibt am Abend ein Tagebuch. Ergänze das Tagebuch für sie.**

Ich frühstücke heute Morgen in der (1) J_____ zusammen mit (2) D_____ . Das (3) B_____ ist toll. Ich esse Müsli mit (4) J_____ und trinke (5) T_____ . Dieter isst zwei (6) B_____ mit Käse und Schinken. Er (7) t_____ Orangensaft.

**B5** **Gespräche. Fragt und antwortet.**

A: Ich esse gern Brot zum Frühstück. Und du?

B: Ich frühstücke oft ...

A: Ich esse Nudeln zu Mittag/Abend. Und du?

B: Ich esse mittags/ abends oft ...

**B6** **Rätsel: Was ist in meinem Korb? Jeder zeichnet drei Lebensmittel auf einem Zettel. Die Partnerin / Der Partner rät.**

● Was ist in meinem Korb?
▲ Eine Birne?
● Nein.
▲ Eine Orange?
● Ja.
▲ ...

 ein Ei     eine Banane     eine Kartoffel

 eine Birne     eine Orange     ein Brötchen

**B7** **Sieh dir das Bild an und ergänze die Tabelle.**

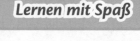
**Lernen mit Spaß**

*an Beispielen grammatische Regeln selbst entdecken*

| Im Korb sind | Im Korb sind **keine** |
|---|---|
| Bananen, ... | Birnen, ... |

**Grammatik leicht**

| Singular | | Plural |
|---|---|---|
| *ein Apfel* | → | *Äpfel* |
| *ein Ei* | → | *Eier* |
| *eine Banane* | → | *Bananen* |
| *eine Kiwi* | → | *Kiwis* |
| *kein Apfel* | → | *keine Äpfel* |
| *kein Ei* | → | *keine Eier* |
| *keine Banane* | → | *keine Bananen* |

**Denk nach:** Wie bildet man die Pluralform?

# C  Andere Länder, andere Sitten!

**C1  Hör den Dialog. Kreuz an und korrigiere.**

|  |  | R | F |
|---|---|---|---|
| 1. | Man isst in Deutschland anders als in China. | ☐ | ☐ |
| 2. | In Deutschland isst man morgens oft kalt. | ☐ | ☐ |
| 3. | Lan isst zum Frühstück Baozi mit Reissuppe. | ☐ | ☐ |
| 4. | Das Essen in China ist interessant für Dieter. | ☐ | ☐ |

**C2  Hör oder lies den Dialog und erzähl vom Frühstück in China.**

Dieter: Tee, Müsli und Joghurt. Das ist aber gesund. Sag mal, was isst man in China zum Frühstück?

Lan: Ach, in China isst man oft etwas Warmes zum Frühstück.

Dieter: Etwas Warmes? Das ist in Deutschland ganz anders. Wir essen nur mittags warm, morgens und abends oft kalt.

Lan: Ja, andere Länder, andere Sitten. In China esse ich zum Beispiel kein Brot, sondern Baozi zum Frühstück. Dazu esse ich noch Reissuppe. Die ist echt lecker!

Dieter: Hm, interessant! Ich möchte auch mal Baozi mit Reissuppe probieren.

**C3  Schreib für die Schülerzeitung einen Bericht über das Essen in Deutschland. Folgende Redemittel helfen.**

> **Redemittel**
>
> Es gibt 3 Hauptmahlzeiten ...
>
> Zum Frühstück/Mittagessen/Abendessen gibt es ...
>
> Zu ... essen wir kalt/warm.
>
> Wir essen heute chinesisch/deutsch.

**C4** **Andere Länder, andere Sitten. Diskutiert über das Essen in Deutschland und in China.**

A: In China trinkt man morgens oft Sojamilch. Wie ist es bei euch?

A: In China ...

B: Bei uns trinkt man am Morgen oft Kaffee.

B: In Deutschland liest man gern Zeitung beim Frühstück. Wie ist das in China?

> *Grammatik leicht*
>
> *In China trinkt man morgens oft Sojamilch.*
> *In Europa trinkt man morgens oft Kaffee.*

**C5** **Verbkonjugation: Wo liegt der Unterschied zwischen „essen" und „heißen, kommen, machen"? Wie ist es mit dem Verb „sprechen"?**

*Grammatik leicht*

|  | heißen | kommen | machen | essen | sprechen |
|---|---|---|---|---|---|
| ich | heiße | komme | mache | esse | _____ |
| du | heißt | kommst | machst | isst | _____ |
| er/sie/es | heißt | kommt | macht | isst | _____ |

**C6** **Manche Wörter auf Deutsch sind ähnlich wie auf Englisch. Ordne zu.**

| | |
|---|---|
| milk | der Tee |
| watermelon | die Milch |
| apple | der Kaffee |
| coffee | der Spinat |
| tea | die Banane |
| tomato | die Tomate |
| banana | die Karotte |
| carrot | die Wassermelone |
| spinach | der Apfel |

**1. Das kann man trinken:**

..................................................

..................................................

**2. Das sind Früchte:**

..................................................

..................................................

**3. Das sind Gemüsearten:**

..................................................

..................................................

# D   Spielbühne

Heute bringen Schüler verschiedene Lebensmittel mit zum Unterricht und frühstücken zusammen. Jeder sagt, was er gern isst und trinkt. Und warum?

**Lernen mit Spaß**

*durch Frühstücksbüfett im Klassenzimmer lernen*

# E   So sprechen wir korrekt!

**Konsonanten: s, ß, z, tz, ts, ds          Wortakzent: Komposita**

## E1   Hör zu und sprich nach.

| | | | |
|---|---|---|---|
| s | Eis, Obst, Reis | z | Zucker, Zitrone |
| ss | essen, Tasse, Wasser | tz | Katze, Platz |
| ß | weiß, heiß, süß | ts | nichts, rechts |
| | | ds | abends, Landsmann |
| s | Salat, Saft, sauer | | |

## E2   Lies die Komposita.  Wo liegt der Wortakzent? Was bedeuten sie?

1. Orangensaft, Apfelsaft, Tomatensaft
2. Rotwein, Weißwein, Reiswein
3. Käsebrot, Wurstbrot, Weißbrot
4. Kartoffelsuppe, Kartoffelbrei, Kartoffelsalat

## E3   Bilde Komposita und schreib sie in die Tabelle.

super, Saft, Wort, Brot, Käse, Markt, Buch, rot, Kartoffel, Wein, Orange, Salat

| Nomen (Sing.) + Nomen | Nomen (Pl.) + Nomen | Adj. + Nomen |
|---|---|---|
| | | |
| | | |

**Fragen und antworten, was man isst oder trinkt**

– Was isst du zum Frühstück / zum Mittagessen / zum Abendessen?
– Was isst du morgens/mittags/abends?
– Zum Frühstück esse ich ...
– Zum Mittagessen esse ich ... und ich trinke dabei ...
– Was isst man in China zum Frühstück?
– In China isst man oft Baozi zum Frühstück.

**Über Essgewohnheiten in Deutschland und in China sprechen**

– In Deutschland isst man morgens und abends oft kalt, aber mittags warm.
– In China essen wir morgens oft warm ...

## *Grammatik*

**Nomen im Singular und Plural**

| Singular | Plural | Singular | Plural | Singular | Plural |
|----------|--------|----------|--------|----------|--------|
| ein Apfel | Äpfel | ein Ei | Eier | eine Orange | Orangen |

**Akkusativ im Vergleich zum Nominativ**

| | |
|---|---|
| Das ist ein Apfel. | Ich esse **einen** Apfel / **keinen** Apfel. |
| Das ist ein Eis. | Ich esse ein Eis / kein Eis. |
| Das ist eine Banane. | Ich esse eine Banane / keine Banane. |

**unregelmäßige Verben im Präsens**   **Indefinitpronomen** *man*

| ich | esse | spreche |
|-----|------|---------|
| du | isst | sprichst |
| er/sie/es | isst | spricht |
| wir | essen | sprechen |
| ihr | esst | sprecht |
| sie/Sie | essen | sprechen |

Was isst man in China zum Frühstück?
In China isst man oft Baozi zum Frühstück.

**Mind-Mapping**

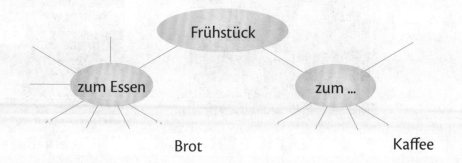

# 8 Was isst du gern?

## A Wo isst man? Was isst man?

 **A1** Ordne zu.

zu Hause

im Restaurant

**Wo isst man?**

im Café

am Imbiss

## Hier lerne ich

*Sprachkompetenz*
über das Lieblingsessen sprechen

*Kulturbewusstheit*
gesunde chinesische Essgewohnheiten

*Denkvermögen*
Fragesätze in deutscher und engli-
scher Sprache vergleichen

*Lernfähigkeit*
eine Präsentation machen und über
den eigenen Geschmack sprechen

Steak

Currywurst

**Was isst man?**

Feuertopf

Kuchen

| Wo? | Was? |
|-----|------|
|     |      |
|     |      |
|     |      |
|     |      |

# B    Man ist, was man isst!

**B1**  **Wer isst was? Hör den Dialog und kreuz an.**

|  | **Menü 1** | **Menü 2** |
|---|---|---|
| Chen Lan | ☐ | ☐ |
| Monika | ☐ | ☐ |
| **Montag** | Menü 1 | Menü 2 (vegetarisch) |

Schweineschnitzel

Gemüsepfanne mit Reis

**B2**  **Hör und sprich nach. Ergänze die Tabelle.**

*(Chen Lan isst mit ihrer Freundin Monika zusammen in der Schulmensa.)*

Monika:  Ach, das Schweineschnitzel sieht lecker aus!
Lan:       Ja, sehr lecker, aber zu fett. Ich nehme heute eine Gemüsepfanne mit Reis.

*(Beim Essen)*

Lan:       Sag mal, was isst du eigentlich am liebsten?
Monika:  Mein Lieblingsessen ist Hähnchen mit Pommes. Und dazu trinke ich gerne
               Cola. Und dein Lieblingsessen?
Lan:       Fisch und dazu ein Salat. Cola mag ich nicht. Ich trinke lieber Mineralwasser.
Monika:  Hm, Fisch, Salat und Mineralwasser! Alles so gesund!
Lan:       Meine Deutschlehrerin sagt immer: Man ist, was man isst.
Monika:  Deshalb bist du so fit und schlank.

| **Name** | **Lieblingsessen** | **Getränke dazu trinken** |
|---|---|---|
| Chen Lan |  |  |
| Monika |  |  |

> **Reden ist Gold**
>
> Man ist, was man isst.
> Frühstücke wie ein König, iss zu Mittag wie ein Bürger und
> am Abend wie ein Bettler.
> **Denk nach:** *Gibt es in China ähnliche Sprichwörter?*

MENÜ
Dienstag
Grünkernpflanzerl mit
Kräuter-Tomatensoße
—
Nürnberger Bratwürste
mit Sauerkraut
—
Wildrahmgulasch mit
Pfifferlingen

**B3**  **Führt einen Dialog über das Menü am Dienstag. Text B2 könnte als
Musterdialog helfen.**

**B4**

**Frag deine Partnerin / deinen Partner, was sie oder er gern isst oder trinkt.**

● Isst du gern Wurst?
▲ Nein, ich mag keine Wurst.
  Ich esse lieber Käse.

● Was trinkst du gern?
  Kaffee oder Tee?
▲ Ich trinke gern Tee.

die Wurst     der Käse     das Fleisch     der Fisch     die Kartoffel

der Reis     das Gemüse     das Obst     der Kaffee     der Tee

die Cola    das Wasser    der Wein    das Bier    die Milch    der Joghurt

**B5**  **Mach eine Umfrage in der Klasse.**

● Was isst du gern?            ▲ Ich esse gern Wurst. / ...
● Was isst du am liebsten?     ▲ Ich esse am liebsten Kartoffeln. / ...
● Was magst du überhaupt nicht?     ▲ Käse / ... mag ich überhaupt nicht.
● Was trinkst du gern?       ▲ Ich trinke gern Mineralwasser. / ...
● Was trinkst du überhaupt nicht?     ▲ Bier / ... trinke ich überhaupt nicht.

### *Grammatik leicht*

das Fleisch (kein Plural)
    ● *Magst du Fleisch?*     ▲ *Ja, ich mag Fleisch.*
der Käse (kein Plural)
    ● *Magst du Käse?*     ▲ *Nein, ich mag keinen Käse.*
die Kartoffel, -n
    ● *Isst du gerne Kartoffeln?*     ▲ *Ja, ich esse gerne Kartoffeln.*

# C     Was möchtet ihr?

**C1**    **Hör den Dialog. Wo sind sie?**

**C2**    **Hör und sprich nach. Ergänze die Tabelle.**

*(Chen Lan und Monika machen am Wochenende einen Ausflug zum Berliner Zoo. Sie haben Hunger und kaufen etwas zum Essen.)*

| | |
|---|---|
| Verkäufer: | Was möchtet ihr? |
| Lan: | Ich möchte einen Hamburger. |
| Monika: | Für mich eine Bratwurst mit Pommes, bitte. |
| Verkäufer: | Pommes mit Ketchup oder Mayonnaise? |
| Monika: | Mit Ketchup. |
| Verkäufer: | Und nichts zu trinken? |
| Lan: | Doch, ich möchte ein Mineralwasser trinken. |
| Monika: | Für mich eine Cola bitte. |
| Verkäufer: | Einmal Hamburger mit Mineralwasser. Und einmal Bratwurst und Pommes mit Ketchup, dazu noch eine Cola, richtig? |
| Lan/Monika: | Ja. |
| Verkäufer: | Einen Moment, bitte, das Essen ist gleich fertig. |
| Lan: | Vielen Dank! |
| Monika: | Danke schön! |
| Verkäufer: | Bitte schön. |

| Name | zum Essen | zum Trinken |
|---|---|---|
| Chen Lan | | |
| Monika | | |

**C3**    **Markiere im Text die Sätze mit „möchten".**

a. ......................................................

b. ......................................................

c. ......................................................

> **Grammatik leicht**
>
> | | **mögen** | **möchten** |
> |---|---|---|
> | *ich* | mag | möchte |
> | *du* | magst | möchtest |
> | *er/sie/es* | mag | _____ |
> | *wir* | mögen | _____ |
> | *ihr* | mögt | _____ |
> | *sie/Sie* | mögen | _____ |

**C4**    **Wie konjugiert man das Verb „möchten" ?**

Denk an das Verb „mögen".

**Oma ist schwerhörig. Fülle die Lücken. Spielt dann zu zweit eine ähnliche Szene.**

● Hallo, Markus. Du, was möchtest du zum Geburtstag? Einen Fußball?

▲ _____, ich möchte gern einen Fußball.

● Wie bitte? Du möchtest keinen Fußball?

▲ _____! Ich möchte sehr gern einen Fußball.

● Na, Kinder, möchtet ihr ein Eis?

▲ _____, wir möchten gern ein Eis.

● Wie bitte? Ihr möchtet kein Eis?

▲ _____! Wir möchten sehr gern ein Eis.

**Wie ist es auf Englisch und auf Chinesisch? Was ist der Unterschied?**

1. Do you want to have something to drink?
   _____, I do.
   _____, I don't.

   你想要喝点饮料吗?
   _____,我想喝的。
   _____,不用麻烦了。

2. Don't you want to have something to drink?
   _____, I do.
   _____, I don't.

   你不想喝点饮料吗?
   _____,我想喝的。
   _____,不用麻烦了。

> **_Grammatik leicht_**
>
> **ja – nein – doch**
> ● _Möchtest du etwas trinken?_
> ▲ _Ja, gerne._
>   _Nein, danke._
>
> ● _Möchtest du nichts trinken?_
> ▲ _Doch. Ein Mineralwasser._
>   _Nein, danke._

# D Spielbühne

Mache mit Hilfe von Stickern (z.B. lächelndes Gesicht, weinendes Gesicht und Stern) eine Liste und erzähle, was du magst, was du nicht magst oder was du am liebsten isst. Andere stellen Fragen.
Macht in der Klasse zusammen eine Rankingliste von Lieblingsessen Top 1–5.

# E So sprechen wir korrekt!

Konsonanten: sch, tsch, st, sp     Satzmelodie: Weiterfragen mit „und"

### E1 Hör zu und sprich nach.

| Muschel | Kirsche | Fisch | Spinat |
| frisch | Deutsch | zwischen | zwitschern |

1. Meine Schwester isst gern Fisch und Spinat.
2. Das Fleisch ist zu hart. Der Fisch ist zu scharf. Ich esse nichts mehr.
3. Mein Schwager spricht Spanisch. Sein Bruder spricht Deutsch und Tschechisch.

### E2 Wo hörst du [ʃ]? Hör zu und markiere.

| Student | Obst | Stück |
| Gerste | Spitze | fest |
| Spinat | ist | Wurst |

**Ich finde die Regeln:**

[ʃt]: _____

[st]: _____

[ʃp]: _____

[sp]: _____

### E3 Markiere die Satzmelodie.

1. Wie heißt du? (↘)
2. Ich heiße Chen Lan. (↘) Und du? (↗)
3. Wie geht es dir? (    )
4. Ganz gut. (    ) Und dir? (    )
5. Was isst du am liebsten? (    )
6. Mein Lieblingsessen ist Wurst. (    ) Und dein Lieblingsessen? (    )

**Sagen, was man gern / lieber / am liebsten isst**

– Käse esse ich gern. / Käse mag ich sehr.

– Ich esse lieber Wurst.
– Am liebsten esse ich ... / Mein Lieblingsessen ist ...

**Sagen, was man nicht gerne isst**

– Ich esse nicht gern Käse.
– Nudeln mag ich überhaupt nicht.

**Am Imbiss bestellen**

Ich möchte ...

## Grammatik

**Null-Artikel**

*die Kartoffel, -n*
Das sind Kartoffeln. Magst du Kartoffeln?
*der Käse*
Ich esse gern Käse.
*Ebenso*: Brot, Fleisch, Fisch, Gemüse, Obst, Wurst, Joghurt
⚠ Achtung: Beide Sätze sind richtig.
Ich esse gern Wurst.
Ich möchte eine Bratwurst mit Pommes.

**Modalverb *möchten***

| ich | möchte | wir | möchten |
| --- | --- | --- | --- |
| du | möchtest | ihr | möchtet |
| er/sie/es | möchte | sie/Sie | möchten |

**Mind-Mapping**

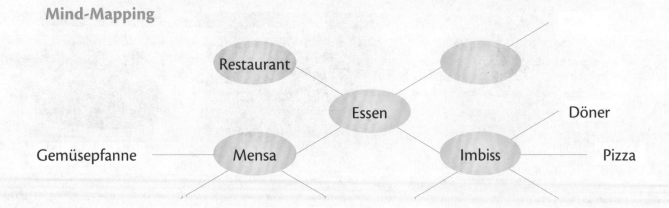

# 9 Guten Appetit!

## A Speisekarte

**Sieh dir die Bilder und die Speisekarte an und ergänze die Namen von den Gerichten.**

1. _____

2. _____

3. _____

4. _____

5. _____

6. _____

## Hier lerne ich

*Sprachkompetenz*
im Restaurant bestellen und
bezahlen

*Kulturbewusstheit*
Trinkgeldkultur in Deutschland

*Denkvermögen*
Oberbegriffe und Unterbegriffe
zuordnen

*Lernfähigkeit*
durch Rollenspiele lernen

**KALTE GERICHTE**

| | |
|---|---|
| Fischplatte mit Toastbrot und Butter | 7,45 |
| Käseteller mit Weißbrot | 4,45 |
| Schinkenplatte mit Schwarzbrot, Butter, | |
| Gurken | 5,75 |

**SUPPEN**

| | |
|---|---|
| Gemüsesuppe | 2,50 |
| Rindfleischsuppe | 2,20 |
| Zwiebelsuppe | 3,00 |

**HAUPTGERICHTE**

| | |
|---|---|
| Schweinebraten mit | |
| Kartoffeln und Rotkohl | 8,90 |
| Rindersteak mit Pommes | |
| frites und Bohnen | 12,40 |
| Bratwurst mit Brot | 4,50 |
| Bratwurst mit Pommes frites | 5,40 |
| oder Kartoffelsalat | |
| Kotelett mit Bratkartoffeln | 7,50 |

| | |
|---|---|
| 1/2 Brathähnchen mit Reis | 6,40 |
| und Gemüse | |
| Bratfisch mit Kartoffeln und Salat | 7,70 |

**NACHTISCH**

| | |
|---|---|
| Eis mit Sahne | 2,20 |
| Eis mit Früchten und Sahne | 2,80 |
| Apfelkuchen | 1,70 |
| Obstkuchen | 1,80 |

**GETRÄNKE**

| | | |
|---|---|---|
| Cola | (Flasche, 0,2 l) | 1,50 |
| Limonade | (Flasche, 0,2 l) | 1,50 |
| Apfelsaft | (Glas, 0,2 l) | 1,80 |
| Bier | (Glas, 0,3 l) | 1,85 |
| Rotwein | (Glas, 0,25 l) | 3,00 |
| Weißwein | (Glas, 0,25 l) | 3,00 |
| Kaffee | (Tasse) | 1,30 |
| Tee | (Glas) | 1,30 |

# B   Ist der Platz hier noch frei?

**B1**   **Hör den Dialog. Schmeckt alles im Restaurant?**

*(Dieter und Chen Lan sind in einem Restaurant.)*

| Dieter: | Ist der Platz hier noch frei? |
| Kellner: | Ja. Nimm bitte Platz! |
| Dieter: | Entschuldigung, bringen Sie bitte die Speisekarte. |
| Kellner: | Bitte, was bekommst du? |
| Dieter: | Ich nehme eine Zwiebelsuppe und ein Rindersteak. |
| Kellner: | Jawohl! Und was möchtest du trinken? |
| Dieter: | Eine Flasche Limonade, bitte. |
| Kellner: | Und du? |
| Lan: | Eine Gemüsesuppe und einen Bratfisch, bitte. Zum Trinken möchte ich ein Glas Apfelsaft. |
| Kellner: | In Ordnung! |

*(Beim Essen sprechen sie über die Gerichte.)*

| Lan/Dieter: | Guten Appetit! |
| Dieter: | Das Rindersteak ist nicht schlecht. Schmeckt der Bratfisch? |
| Lan: | Ja, er schmeckt sehr gut. Aber die Gemüsesuppe schmeckt nicht so gut, sie ist ein bisschen salzig. |

**B2**   **Hör den Dialog noch einmal und ergänze die Tabelle.**

|  | bestellt ... |
| --- | --- |
| **Chen Lan** |  |
| **Dieter** |  |

**B3**   **Sprich mit deiner Partnerin / deinem Partner über das Essen in der Schulmensa.**

● Schmeckt *das Steak*?

▲ Ja, *es* schmeckt sehr gut.

● Schmeckt *das Steak*?

▲ Nein, *es* schmeckt gar nicht. *Es* ist zu salzig/trocken/fettig.

**Beim Essen sprechen Dieter und Chen Lan noch weiter. Hör den Dialog und beantworte die Fragen.**

1. Was ist Nachtisch?
2. Wann isst man Nachtisch?
3. Was bestellen Chen Lan und Dieter als Nachtisch?

*Kultur bunt*

*So sagt man beim Essen*

Prost!     Guten Appetit!

**B5** **Fülle die Lücken und entdecke die Pluralformen.**

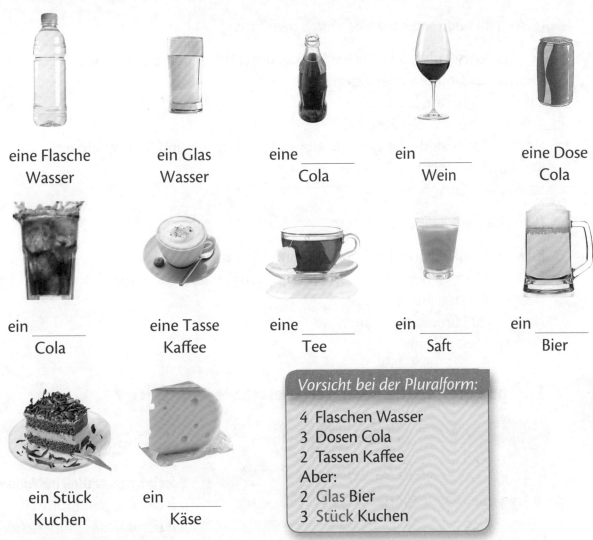

eine Flasche Wasser

ein Glas Wasser

eine _____ Cola

ein _____ Wein

eine Dose Cola

ein _____ Cola

eine Tasse Kaffee

eine _____ Tee

ein _____ Saft

ein _____ Bier

ein Stück Kuchen

ein _____ Käse

*Vorsicht bei der Pluralform:*

4 Flaschen Wasser
3 Dosen Cola
2 Tassen Kaffee
Aber:
2 Glas Bier
3 Stück Kuchen

**B6** **Macht zu viert das Spiel.**

● Ich trinke eine Dose Cola.
▲ Ich trinke eine Dose Cola und ein Glas Milch.
■ Ich trinke eine Dose Cola, ein Glas Milch und zwei Tassen Tee.
★ Ich trinke eine Dose Cola, ein Glas Milch, zwei Tassen Tee und …

# C  Die Rechnung, bitte!

**C1**  Hör den Dialog. Bezahlen Chen Lan und Dieter getrennt oder zusammen?

*(Chen Lan und Dieter bezahlen nach dem Essen.)*

Dieter:  Entschuldigung, die Rechnung, bitte! Wir möchten bezahlen.
Kellner: Zusammen oder getrennt?
Lan:     Getrennt, bitte.
Kellner: Und was bezahlst du?
Lan:     Ich bezahle die Gemüsesuppe, den Bratfisch und den Apfelsaft.
Kellner: Das macht 12 Euro.
Lan:     13 Euro, bitte.

*(Lan gibt dem Kellner 20 Euro.)*

Kellner: Danke schön. Und du bekommst 7 Euro zurück.
Dieter:  Und ich bezahle die Zwiebelsuppe, das Rindersteak, die Limonade und das Eis.
Kellner: Das macht 19, 10 Euro.
Dieter:  20 Euro. Stimmt so.
Kellner: Vielen Dank!

**C2**  Ergänze die Tabelle nach der Speisekarte auf Seite 75.

| | bezahlt | Preis |
|---|---|---|
| **Chen Lan** | die Gemüsesuppe | 2,50 € |
| | _____ Bratfisch | _____ € |
| | _____ Apfelsaft | _____ € |
| **Dieter** | _____ Zwiebelsuppe | _____ € |
| | _____ Rindersteak | _____ € |
| | _____ Limonade | _____ € |
| | _____ Eis mit Sahne | _____ € |

**Grammatik leicht**

**Bestimmte Artikel im Akkusativ**
*Ich bezahle den Bratfisch.*
*Ich bezahle das Rindersteak.*
*Ich bezahle die Zwiebelsuppe.*

| Nom. | | Akk. |
|---|---|---|
| der | → | den |
| das | → | das |
| die | → | die |

**C3** **Wir lernen, die Preise richtig zu sagen.**

0,70 € = siebzig Cent

1 € = ein Euro

2,70 € = zwei Euro siebzig

150 € = hundertfünfzig Euro

28,99 € = achtundzwanzig Euro neunundneunzig

0,69 € = neunundsechzig Cent

**C4** **In welchen Ländern benutzt man Euro? Sind die Euromünzen und Scheine überall gleich?**

**C5** **Lies die Preise in der Tabelle von C2 laut und deutlich nach dem Satz-muster.**

*Die Gemüsesuppe kostet zwei Euro fünfzig.*
*Der Bratfisch kostet ...*
*Ein Glas Apfelsaft kostet ...*

**C6** **Hör zwei Gespräche und notiere die Preise.**

Gespräch 1

1 Schinkenplatte _____
2 Hähnchen _____
2 Gemüsesuppen _____
2 Bier _____
3 Kaffee _____
2 Eis m. Sahne _____

_____

Gespräch 2

3 Bratfische _____
2 Rindersteaks _____
3 Obstkuchen _____
4 Cola _____
2 Kaffee _____
2 Apfelkuchen _____

_____

_____

# D  Spielbühne

Im Schülerrestaurant. Spielt in der Gruppe Kellner und Gäste. Führt ein Gespräch beim Bestellen und beim Bezahlen.

### Lernen mit Spaß

**Durch Rollenspiele lernen**
*Verteilt die Rollen in der Klasse, dann spielt die Rollen. Zum Schluss bewerten alle die Rollen. Situationen: Im Restaurant, in der Mensa.*

# E  So sprechen wir korrekt!

**Konsonanten: pf, f, ph, w, v**
**Satzmelodie: Imperativsatz**

**E1  Hör zu und sprich nach.**

| | | |
|---|---|---|
| der Apfel | die Pfanne | der Kopf |
| das Fleisch | die Phase | das Photo |
| die Zwiebel | der Wein | das Wasser |
| das Vieh | der Vater | das Volk |
| das Verb | die Vase | das Video |

**E2  Wo hörst du [v]? Hör zu und markiere.**

| | | |
|---|---|---|
| Wasser – Vater | Wurst – Volk | Wein – viel |
| vielleicht – Vitamin | vier – Visum | Pulver – verkleinern |

**Ich finde die Regeln:**

[f]: _____

[v]: _____

**E3  Hör zu und markiere die Satzmelodie.**

1. Nehmen Sie bitte Platz! ( ↘ )
2. Bringen Sie uns bitte die Speisekarte! ( )
3. Essen Sie langsam! ( )
4. Bezahlen Sie bitte nicht mit Kreditkarte! ( )

**Im Restaurant etwas bestellen**

– Ich nehme eine Zwiebelsuppe und ein Rindersteak.
– Eine Flasche Limonade, bitte.
– Zum Trinken möchte ich ein Glas Apfelsaft.

**Über die Speisen sprechen**

– Das Rindersteak ist nicht schlecht.
– Der Fisch schmeckt sehr gut.
– Aber die Gemüsesuppe schmeckt nicht so gut, sie ist ein bisschen salzig.

**Im Restaurant bezahlen**

– Die Rechnung bitte! / Wir möchten bezahlen.
– Wir bezahlen getrennt/zusammen.
– Ich bezahle ... Stimmt so.

## Grammatik

**Bestimmte Artikel: Nominativ und Akkusativ**

| | | |
|---|---|---|
| Der Orangensaft ist frisch. | Ich trinke den Orangensaft. | der → den |
| Das Schnitzel sieht lecker aus. | Ich nehme das Schnitzel. | das → das |
| Die Gemüsepfanne ist gesund. | Ich nehme die Gemüsepfanne. | die → die |

**Imperativsatz**

| | | |
|---|---|---|
| Bringen | Sie | bitte die Speisekarte! |
| Nehmen | Sie | bitte Platz! |

**Mind-Mapping**

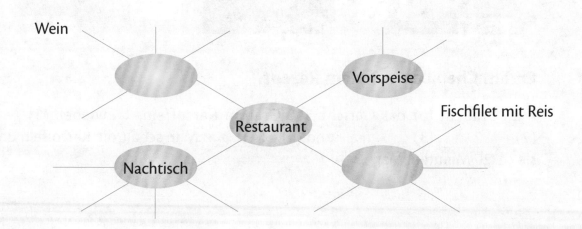

## A Projekt: Salatrezept

**Chen Lan kommt von Deutschland nach China zurück und kocht für die Eltern ein deutsches Gericht. Du findest im Internet ein Salatrezept für sie.**

**A1 Ordne zu.**

1. 500 g frische Kartoffeln _____
2. 1 Zwiebel _____
3. Essig und Öl _____
4. Salz und Pfeffer _____

**A2 Lies die Schritte und ordne zu.**

1. ☐ die Kartoffeln schälen
2. ☐ die Kartoffeln ca. 20 Minuten kochen
3. ☐ die Kartoffeln und die Zwiebel schneiden
4. ☐ Salz und Pfeffer mit Essig und Öl mischen
5. ☐ die Kartoffeln und die Zwiebeln mit Essig und Öl übergießen

**A3 Erzähl Chen Lan von dem Rezept.**

Man braucht für das Gericht 500 Gramm Kartoffeln, 1 Zwiebel, (1) _____, (2) _____, (3) _____ und (4) _____. Man schält die Kartoffeln und kocht sie ca. 20 Minuten. Man ...

## B Kultur: Chinesische Küche

**Ein Pekinger Restaurant hat eine Speisekarte für deutsche Gäste. Sie ist leider zum Teil mit Suppe befleckt. Vervollständige die deutschen Namen für die Gerichte.**

| 特色菜 | | Spezialitäten | |
|---|---|---|---|
| 小吃 | | **Vorspeisen** | |
| 春卷（4 个） | 15 元 | 4 Frühlingsrollen | 15 Yuan |
| 饺子（6 个） | 12 元 | 6 Jiaozi | 12 Yuan |
| 热菜 | | **Fleischgerichte** | |
| 古老肉 | 38 元 | Schweinefleisch süß-sauer | 38 Yuan |
| 宫爆鸡丁 | 32 元 | Hühnerfleisch (scharf) | 32 Yuan |
| 葱爆墨鱼 | 28 元 | Tintenfisch mit Zwiebeln | 28 Yuan |
| 北京烤鸭 | 58 元 | Peking Ente | 58 Yuan |
| 汤 | | **Suppen** | |
| 酸辣汤 | 10 元 | Sauer-scharf-Suppe | 10 Yuan |
| 清炖鸡汤 | 12 元 | Hühnerbrühe | 12 Yuan |
| 主食 | | **Reis und Nudeln** | |
| 扬州炒饭 | 12 元 | Gebratener Reis mit Gemüse | 12 Yuan |
| 炒面 | 12 元 | Gebratene Nudeln | 12 Yuan |

## C Naturwissenschaft: Gesunde Ernährung

**Trag die Inhaltsstoffe in die Gesundheitspyramide ein und zeichne noch andere passende Lebensmittel.**

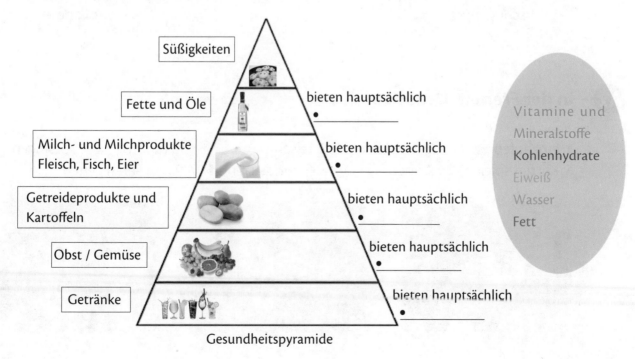

Süßigkeiten

Fette und Öle

Milch- und Milchprodukte
Fleisch, Fisch, Eier

Getreideprodukte und Kartoffeln

Obst / Gemüse

Getränke

bieten hauptsächlich
•

bieten hauptsächlich
•

bieten hauptsächlich
•

bieten hauptsächlich
•

bieten hauptsächlich
•

Vitamine und Mineralstoffe
Kohlenhydrate
Eiweiß
Wasser
Fett

Gesundheitspyramide

# 10 Was machst du gern?

## A Freizeitaktivitäten

**A1** **Internationale Wörter. Welche Wörter kennst du?**

*Computer* spielen

*Fußball* spielen

im *Internet chatten*

*schwimmen*

*Musik* hören

**A2** **In der Freizeit. Ordne zu.**

1. einkaufen _A_    2. fernsehen __    3. reisen __    4. tanzen __    5. singen __
6. Karten spielen __    7. lesen __    8. Freunde treffen __    9. spazieren gehen __

A

B

C

# Hier lerne ich

*Sprachkompetenz*
über Hobbys und Interessen sprechen

*Kulturbewusstheit*
Selbstbild und Reflexion

*Denkvermögen*
mehrsprachige Denkkompetenz entwickeln

*Lernfähigkeit*
Interviews durchführen

**A3** **Sprich über dein Hobby.**

| | |
|---|---|
| Was ist dein Hobby? | (Mein Hobby ist) Reisen. |
| Was sind deine Hobbys? | (Meine Hobbys sind) Einkaufen und Lesen. |
| Was machst du *gern*? | Ich tanze/schlafe/singe/... *gern*.<br>Ich spiele *gern* Computer/... |

# B  Hallo, ich mache gern ...

**B1**  **Im Chatraum stellt man sich vor. Sammle Informationen über die Personen.**

| Name | Herkunft | Wohnort | Alter | Hobbys |
|------|----------|---------|-------|--------|
| Timo | *Deutschland* | | | |
| Maria | | _____ | | *Musik hören, fernsehen, Computer spielen, Freunde treffen* |
| Yuhan | | | 14 | |

> Hallo!
> Ich heiße Timo, bin 13 Jahre alt und komme aus Berlin. Ich treffe gerne Freunde. Wir spielen zusammen Schach oder gehen ins Kino.

> **Name:** Maria
> **Land:** Österreich
> **Alter:** 14
> **Hobbys:** Musik hören, fernsehen, Computer spielen, Freunde treffen
> **Lieblingssport:** schwimmen

> Qiu Yuhan, 14, aus Shanghai, China. Meine Hobbys sind Reisen, Schwimmen, Fußball spielen, im Internet surfen und Rad fahren. Hunde sind meine *Lieblingstiere*.

**B2**  **Stell die drei Personen in den Online-Profilen vor.**

Qiu Yuhan kommt ...
Er ist ... Er reist gern ...

Timo kommt aus Deutschland. Er wohnt in Berlin. Er ist 13 Jahre alt. In der Freizeit ...

Maria kommt ... Sie ...
Sie ...

**B3**  **Was ist dein(e) Lieblings...? Fragt und antwortet.**

● *Changjin See* (长津湖) ist mein Lieblingsfilm. Was ist dein Lieblingsfilm?
▲ ... ist mein Lieblingsfilm. Was ist dein(e) ...?

> Lieblingsessen       Lieblingsstadt       Lieblingsgetränk       Lieblingsfach
> Lieblingsmusik       Lieblingssport       Lieblingsbuch       Lieblings...

**B4** *gehen* oder *spielen*? Morgen hat Ming frei. Er erzählt Lan über seinen Plan.

*Ich gehe morgen .../Ich spiele morgen ...*

| | | | |
|---|---|---|---|
| in die Disko | Karten | ins Kino | Computer |
| Klavier | schwimmen | einkaufen | spazieren |
| ins Konzert | Musik | Fußball | tanzen |

**B5** **Ergänze die Tabelle mit folgenden Wörtern.**

> Sport   Musik   im Internet   Briefe   E-Mails   Bücher   Zeitung
> Comics   Freunde   einen Film   Rad   CD   fern   Radio   Ski   ...

| | | | |
|---|---|---|---|
| 1. Man liest | | 5. Man surft | |
| 2. Man trifft | | 6. Man fährt | |
| 3. Man sieht | | 7. Man treibt | |
| 4. Man schreibt | | 8. Man hört | |

**B6** **Klassenspaziergang: Was kannst du (nicht)?**

● Kannst du schwimmen?

▲ Ja, ich kann gut schwimmen.
Nein, ich kann noch nicht schwimmen.

> **Grammatik leicht**
>
> **können**
> *ich kann, du kannst,*
> *er/sie/es kann, wir können*
> *Ich kann noch nicht schwimmen.*

> **Lernen mit Spaß**
>
> **Klassenspaziergang: Interviews durchführen**
> *Klassenspaziergang macht Spaß. Du fragst, dein Mitschüler*
> *antwortet. Du bekommst die Unterschriften (von den Mitschülern).*
> *Wer die meisten Unterschriften sammelt, der gewinnt.*

| | | | |
|---|---|---|---|
| 1. Kannst du tanzen? | 4. Kannst du Basketball spielen? | 7. Kannst du Deutsch sprechen? | 10. Kannst du Tennis spielen? |
| **Name:** | **Name:** | **Name:** | **Name:** |
| 2. Kannst du Ski fahren? | 5. Kannst du fotografieren? | 8. Kannst du Klavier spielen? | 11. Kannst du Rad fahren? |
| **Name:** | **Name:** | **Name:** | **Name:** |
| 3. Kannst du kochen? | 6. Kannst du Karten spielen? | 9. Kannst du ...? | 12. Kannst du ...? |
| **Name:** | **Name:** | **Name:** | **Name:** |

# Was möchtest du heute Abend machen?

**C1** **Hör und lies die Dialoge.**

| | |
|---|---|
| Lan: | Hallo, hier ist Lan. |
| Ming: | Hallo, Lan. Hier ist Ming. Sag mal, was möchtest du heute Abend machen? |
| Lan: | Ich weiß noch nicht. Hast du schon was vor? |
| Ming: | Ja, ich möchte schwimmen gehen. Kommst du mit? |
| Lan: | Tut mir leid, ich habe keine Lust. |
| Ming: | Schwimmst du nicht so gern? |
| Lan: | Doch, aber vielleicht das nächste Mal. Ich bin zu müde. |
| Ming: | Na gut - also dann tschüs. |

(*Ming ruft Klaus an.*)

| | |
|---|---|
| Klaus: | Hallo, hier ist Klaus. |
| Ming: | Hallo, Klaus. Hier ist Ming. Ich möchte heute Abend schwimmen gehen. Kommst du mit? |
| Klaus: | Ach ja, gerne. Schwimmen macht Spaß. |
| Ming: | Schön. Wir gehen zusammen schwimmen. |
| Klaus: | In Ordnung. Bis dann. |
| Ming: | Gut, bis dann. |

**Grammatik leicht**

vor ~~zu~~ haben
*Was hast du heute Abend vor?*

**C2** **Spiel die Situation mit deiner Partnerin / deinem Partner nach.**

Hast du heute Abend  schon was vor?
          ... morgen      Zeit?
Ich möchte (gern) schwimmen gehen.
              ... Tischtennis spielen.
              ... ins Kino gehen.
              ... das Konzert hören.
Hast du Zeit?
      ... Lust?
Kommst du mit?

Tut mir leid.
Ich habe keine Zeit.
          ... keine Lust.
Ich bin zu müde.
Vielleicht das nächste Mal.
          ... morgen.
Ja, das mache ich gern.
Das macht Spaß.
Ok, in Ordnung.

**C3** **Hör den Dialog und ergänze: Wer macht was gern?**

1. _____ kocht gern.
2. _____ fährt gern Fahrrad.
3. _____ spielt gern Volleyball.
4. _____ trifft gern Freunde.
5. _____ liest gern.
6. _____ reist gern.

**Was machst du gern in der Freizeit? Mach Interviews mit deinen Mitschülern. Berichte das Ergebnis in der Klasse.**

- ● *Hallo Daniel, was machst du gern in der Freizeit?*
- ▲ *Ich spiele gern Tischtennis, höre gern Musik und reise gern.*

| Name | Freizeitaktivitäten |
|------|---------------------|
|      |                     |
|      |                     |
|      |                     |
|      |                     |
|      |                     |
|      |                     |

**Kultur bunt**

**Freizeitaktivitäten in Deutschland Top 5:**

- − Fernsehen
- − Radio hören
- − Telefonieren
- − im Internet recherchieren
- − Zeitungen lesen

Quelle: Stiftung für Zukunftsfragen

**C5** **Was sind die beliebtesten Freizeitaktivitäten in China? Recherchiere im Internet.**

**C6** **Kreuzworträtsel. Welche Hobbys kannst du unten finden?**

| N | E | R | H | A | F | D | A | R | B | A | F | W | S |
|---|---|---|---|---|---|---|---|---|---|---|---|---|---|
| E | F | P | F | Q | W | W | Y | J | K | H | L | R | W |
| R | R | Ö | S | E | Z | T | L | A | U | F | E | N | D |
| E | H | K | J | C | R | X | Y | L | A | P | S | U | M |
| I | O | C | B | T | H | N | T | I | L | G | E | H | U |
| S | M | K | W | E | A | W | S | Z | B | I | N | I | S |
| E | E | R | U | S | G | A | I | E | C | S | R | D | I |
| N | Ö | T | F | W | E | H | T | M | H | T | E | E | K |
| G | Ä | B | T | L | D | X | W | A | M | E | G | P | H |
| O | Q | G | S | C | H | R | E | I | B | E | N | S | Ö |
| T | X | B | M | E | D | I | M | A | U | K | N | V | R |
| O | G | F | A | U | L | S | E | I | N | O | K | Y | E |
| F | U | ß | B | A | L | L | S | P | I | E | L | E | N |

# D    Spielbühne

**D1**   **Pantomimespiel. Zieh eine Karte und spiel die Situation vor. Du darfst nicht sprechen. Die Mitschüler raten.**

**D2**   **Partnerarbeit: Zieht jeweils eine Karte aus dem Sack und spielt einen Dialog.**

A:  Hi, ...! Sag mal, hast du morgen Zeit?

B:  Ja, morgen habe ich frei. Hast du schon was vor?

A:  Weiß noch nicht. Hast du eine Idee?

B:  Hm, hörst du gern Musik? Morgen ist ein Konzert von *May Day*.

A:  Ich höre gern Musik. Aber *May Day* mag ich nicht. Kannst du Ski fahren? Wir können ja zusammen Ski fahren.

B:  Prima Idee. Das mache ich auch gern! Gehen wir zusammen Ski fahren.

# E    So sprechen wir korrekt!

> Konsonanten: qu, ch, chs, ks, x     Wortakzent: trennbare Verben

**E1**   **Lies die Wörter laut.**

1. qu:  Qual, Quiz, Quelle, Quote, Quittung
2. ch:  Buch, nach, acht, Loch, Koch, Nacht, Bauch
3. chs: sechs, Fuchs, Achse, Wachsen, Lachs
4. ks:  links, Keks, Koks, Knicks
5. x:   Marx, Taxi, Praxis, Luxus

**E2**   **Lies die trennbaren Verben. Achte auf den Wortakzent.**

einkaufen, fernsehen, vorhaben, mitkommen, abfahren, ankommen

**E3**   **Lies die Zungenbrecher.**

1. In der Quelle quält sich eine Qualle kreuz und quer.
2. Ich brauche gleich Kochbücher und auch noch ein Backbuch für Kuchen.
3. In Xanten sitzt als Nächster der Max im Taxi mit sechs Keksen.

**Über Hobbys und Interessen sprechen**

– Ich mag ... / Ich mache gern ... / ... macht Spaß. /... ist mein Hobby.

**Sich verabreden**

– Hast du schon was vor?
– Hast du heute Zeit / Lust? Ich möchte ...
– Kommst du mit?
– Tut mir leid, ich habe keine Zeit. Ich bin zu müde. Vielleicht das nächste Mal.

**Über Fähigkeiten sprechen**

– Ich kann (gut / ein bisschen / nicht sehr gut) ...   Kannst du ...?

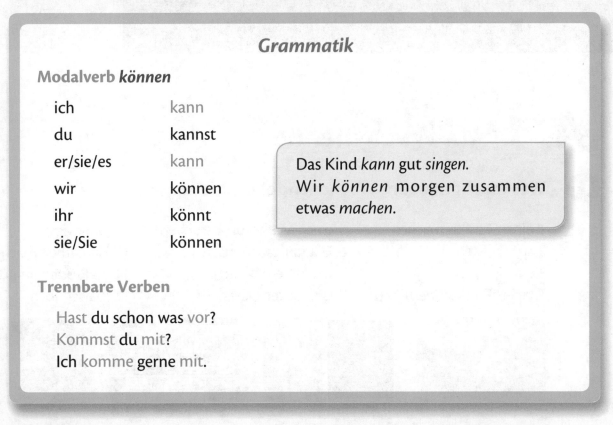

## Grammatik

**Modalverb *können***

| | |
|---|---|
| ich | kann |
| du | kannst |
| er/sie/es | kann |
| wir | können |
| ihr | könnt |
| sie/Sie | können |

Das Kind *kann* gut *singen*.
Wir *können* morgen zusammen etwas *machen*.

**Trennbare Verben**

Hast du schon was vor?
Kommst du mit?
Ich komme gerne mit.

**Mind-Mapping**

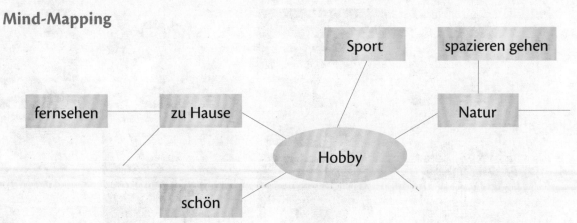

# 11 Endlich Sonntag!

# A Am Wochenende

**A1** **Was macht man am Wochenende? Ordne zu.**

1. einen Ausflug machen ___
2. spät aufstehen ___
3. ins Kino gehen ___
4. einen Tanzkurs besuchen ___
5. einen Mathekurs besuchen ___
6. Hausaufgaben machen ___
7. Großeltern besuchen ___
8. Computer spielen ___
9. Comics lesen ___
10. Hausarbeit machen ___
11. ins Restaurant gehen ___
12. Klavier üben ___

## Hier lerne ich

*Sprachkompetenz*
von Wochenendaktivitäten und
Tagesablauf erzählen

*Kulturbewusstheit*
Freizeitaktivitäten in China und
Deutschland

*Denkvermögen*
chinesische und deutsche
Wochenendaktivitäten vergleichen

*Lernfähigkeit*
Elfchen auf Deutsch schreiben

Ich besuche am
Wochenende meine
Großeltern.

Ich übe am Wochenende
Klavier. Das mache ich
nicht gern. ☹

Am Wochenende kann
ich spät aufstehen, so
um 9 Uhr. ☺

**A2** **Zieh ein „Smiley" und spiel Minidialoge.**

**Beispiel 1:**
   A: *Hi, sag mal, was machst du am Wochenende?*
☺ B1: Ich mache mit Lan einen Ausflug. *Das macht Spaß!*
☹ B2: Ich mache Hausaufgaben. *Das mache ich nicht gern.*

**Beispiel 2:**
   A: *Ich gehe am Wochenende ins Kino.*
☺ B1: *Ach so!* Ich gehe am Wochenende auch ins Kino.
☹ B2: *Was?* Ich gehe am Wochenende nicht ins Kino.

# B    Was machst du am Sonntag?

**B1**  **Was macht Lan am Sonntag? Lies die Chat-Beiträge und ergänze den Terminkalender.**

Dieter

Lan

> Hi, Lan. Was machst du gerade?

> Morgen, Dieter. Ich frühstücke. Um 8 besuche ich meinen Musikkurs.

> Was? Am Sonntag arbeitest du noch?

> Klar, um 10 habe ich meinen Schwimmkurs und am Nachmittag gehe ich noch zum Tanzkurs und danach Englischnachhilfestunde.

> Oh, du Arme. Das tut mir leid. Was machst du danach?

> Um 5.30 treffe ich Freunde und um 7 spiele ich Computer.
> Und du? Gehst du nicht einkaufen? Du möchtest doch ein neues Handy.

> Nein, in Deutschland sind heute alle Geschäfte zu. Ich sehe zu Hause fern.

> Ach so. Dann viel Spaß noch.

> Danke, tschüs!

So spricht man:
***Um halb sieben***
frühstückt Lan.

So spricht man:
***Um halb sechs*** trifft
Lan Freunde.

| Wann? | Was? |
|---|---|
| 6.30 Uhr | frühstücken |
| 8.00 Uhr | |
| 10.00 Uhr | |
| 12.00 Uhr | Pause machen |
| 13.00 Uhr | |
| 15.00 Uhr | |
| 17.30 Uhr | Freunde treffen |
| 19.00 Uhr | |
| 21.00 Uhr | ins Bett gehen |

**B2**  **Sprich über Lans Sonntag in der Klasse.**

**B3** **Wie spät ist es? Spielt Minidialoge.**

● Sag mal, wie spät ist es?
▲ Moment, es ist fünf Uhr.

| 7.30 | 9.00 | 3.15 | 4.10 |
| 6.45 | 10.00 | 11.30 | 7.20 |
| 1.18 | 4.35 | 3.12 | 8.55 |
| 12.30 | 14.40 | 20.15 | 22.55 |

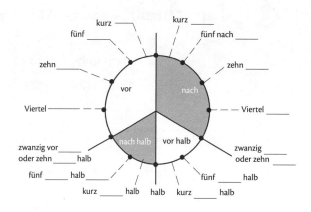

**B4** **Hör und ergänze die Zeit.**

1. _____    3. _____    5. _____    7. _____    9. _____
2. _____    4. _____    6. _____    8. _____    10. _____

**B5** **Was macht Dieter von Montag bis Freitag? Schreib und sprich.**

| Montag | Dienstag | Mittwoch | Donnerstag | Freitag |
| --- | --- | --- | --- | --- |
| 16-18 Uhr Hausaufgaben machen | 13-15 Uhr Fußball spielen | 20.30 Uhr Zimmer aufräumen | 7.15 Uhr aufstehen | 10-11 Uhr Chinesisch lernen |

*Am Montag macht Dieter **von 16 bis 18 Uhr** Hausaufgaben.*

**B6** **Was macht Ming am Wochenende? Spielt Dialoge.**

Nachmittag: spazieren gehen ● ~~Abend: Deutsch lernen~~ ● Samstag: Zimmer aufräumen ● Wochenende: Fußball spielen ● Vormittag: Freunde treffen ● Sonntag: Mathekurs haben

> **Grammatik leicht**
>
> **um**
>    um 7 Uhr / 7.30 Uhr / 14.20 Uhr
> **von ... bis ...**
>    von 7 bis 8 Uhr
> **am Morgen/Wochenende/Samstag**
> **Aber:** in der Nacht

● Ming, was machst du am Abend?
▲ Am Abend lerne ich Deutsch.

**C1** **Lan schreibt eine E-Mail an Dieter. Lies und ergänze.**

| | | | | |
|---|---|---|---|---|
| Schreib | ins | Computer | zu | Wochenende |
| Samstag | trinke | Mathekurs | surfe | |

Hi, Dieter!

Juhu, endlich Wochenende! Wie geht's dir denn so? Wie ist das (1) _____ in Deutschland?

Ich (2) _____ gerade im Internet und (3) _____ Saft.

Papa sagt immer, ich spiele zu viel (4) _____, aber das finde ich nicht.

Am (5) _____ schreibe ich ja zuerst Hausaufgaben. Wir haben immer sehr viele Hausaufgaben.

Hast du auch so viele? Am Nachmittag gehe ich oft (6) _____ Kino und am Abend bleibe ich (7) _____ Hause.

Am Sonntag besuche ich vier Kurse: Schwimmkurs, Tanzkurs, (8) _____ und Englischkurs. Das ist in China normal. Ist es in Deutschland auch so? Sag mal, was machst du am Wochenende?

(9) _____ mir bald.

Deine Lan

**C2** **Richtig oder falsch? Kreuz an.**

|  | R | F |
|---|---|---|
| 1. Lan surft nicht gern im Internet. | ☐ | ☐ |
| 2. Lans Vater spielt gern Computer. | ☐ | ☐ |
| 3. Lan macht am Samstag viele Hausaufgaben. | ☐ | ☐ |
| 4. Lan hat am Sonntag viele Kurse. | ☐ | ☐ |

**Grammatik leicht**

in + Akk. (wohin?)
*in den Keller*
*ins Kino (ins = in das)*
*in die Disko*
**Aber:** *nach Shanghai*
*zu Leon*

**C3** **Fragt und antwortet.**

(*Deine Freunde aus Deutschland besichtigen am Wochenende deine Stadt. Wohin möchtet ihr?*)

A: Hallo, ... ! Morgen gehen wir aus. Wohin möchtest du?

B: Wir gehen doch zusammen in den / ins / in die / nach / zu ...

| Restaurant | Chen Lan | Park |
|---|---|---|
| Oper | Konzert | Suzhou |

**C4** **Partnerinterview.**

● Sag mal, was machst du *am Morgen*?

▲ *Am Morgen* höre ich Musik. Und du, was machst du?

● Ich gehe *am Morgen* spazieren.

am Morgen
am Vormittag
am Mittag
am Nachmittag
am Abend
in der Nacht

**C5** **Wiederholung: Klassenspaziergang.**

| | | | |
|---|---|---|---|
| Was machst du am Montag um 10 Uhr?<br>**Antwort:**<br><br>**Name:** | Was machst du am Dienstag um 15 Uhr?<br>**Antwort:**<br><br>**Name:** | Was machst du am Mittwoch um 12 Uhr?<br>**Antwort:**<br><br>**Name:** | Was machst du am Donnerstag um 17 Uhr?<br>**Antwort:**<br><br>**Name:** |
| Was machst du am Freitag um 21 Uhr?<br>**Antwort:**<br><br>**Name:** | Was machst du am Samstag um 9 Uhr?<br>**Antwort:**<br><br>**Name:** | Was machst du am Sonntag um 19 Uhr?<br>**Antwort:**<br><br>**Name:** | Was machst du am Montagabend?<br>**Antwort:**<br><br>**Name:** |

**C6** **Schreib ein Elfchen zum Thema „Mein Wochenende". Übersetze es ins Chinesische.**

Ein *Elfchen* ist ein kurzes Gedicht aus 11 Wörtern und 5 Zeilen.

1. Zeile: Ein Wort (wie: eine Farbe oder eine Eigenschaft)         **GRÜN**
2. Zeile: Zwei Wörter (wo oder wer)          **Im    Park**
3. Zeile: Drei Wörter (was)        **Singen  die  Vögel**
4. Zeile: Vier Wörter (was)      **Ich  liege  am  Baum**
5. Zeile: Ein Wort (Abschlusswort)        **wunderbar**

# D    Spielbühne

**Was machst du sonntags? Beschreibe deinen Sonntagsablauf auf Kärtchen. Misch alle Kärtchen zusammen. Zieh eins und lies vor. Die Mitschüler raten.**

> **Mein Sonntag**
> *Ich stehe am Sonntag um sieben Uhr auf.*
> *Um ... frühstücke ich.*
> *Von ... bis ...*
> *Um ... gehe ich ins Bett.*
> *Ich bin ...*

# E    So sprechen wir korrekt!

**E-Laute in Endungen:** -e, -en, -el, -eln, -er, -ern;
**E-Laute in der Vorsilbe:** be-, ge-;
**Satzakzent**

**E1    Lies die Wörter laut.**

e:    Lunge, Spiele, Tage, Fahne, Mappe
el:   Löffel, Himmel, Engel, Tafel, dunkel
en:   Daten, guten, hören, lesen, einen
eln:  lächeln, klingeln, mangeln, funkeln
er:   Felder, oder, Wunder, Zimmer, Kinder
ern:  steuern, feiern, sondern, trauern
be:   bearbeiten, bestehen, begründen, beachten
ge:   getan, gegangen, gelungen, geschafft

**E2    Hör und markiere den Satzakzent.**

● Hi Ming, was machst du am Samstag?

▲ Ich fahre morgen nach Berlin.

● Was? Fährst du morgen nach Berlin?

▲ Ja, ich fahre morgen nach Berlin.

● Ich meine, fliegst du nicht?

▲ Nee, ich fahre.

**Über Wochenendaktivitäten und den Tagesablauf sprechen**

● Was machst du am Wochenende?

▲ Ich besuche meine Großeltern / einen Tanzkurs ...

▲ Ich übe Klavier/Gitarre ...

▲ Ich mache Hausaufgaben / einen Ausflug ...

▲ Ich spiele/gehe ...

**Uhr- und Tageszeit angeben**

– um sechs Uhr / halb sieben / Viertel vor acht ...

– von sieben bis acht Uhr

– am Morgen/Vormittag/Mittag/Nachmittag/Abend ...

– am Montag/Samstag/Sonntag/Wochenende ...

– in der Nacht

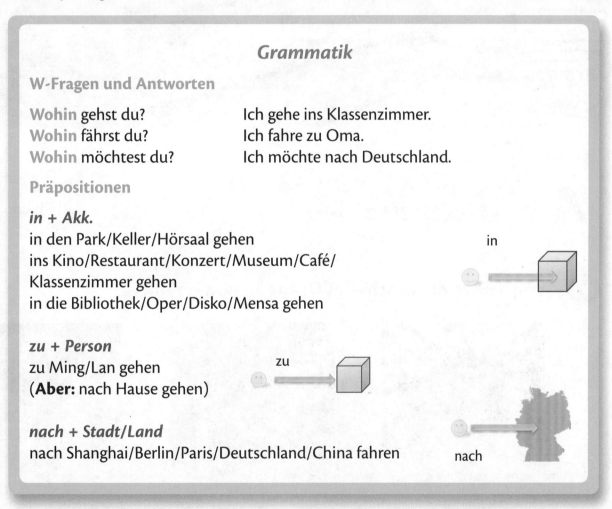

## Grammatik

**W-Fragen und Antworten**

| | |
|---|---|
| **Wohin** gehst du? | Ich gehe ins Klassenzimmer. |
| **Wohin** fährst du? | Ich fahre zu Oma. |
| **Wohin** möchtest du? | Ich möchte nach Deutschland. |

**Präpositionen**

***in + Akk.***
in den Park/Keller/Hörsaal gehen
ins Kino/Restaurant/Konzert/Museum/Café/Klassenzimmer gehen
in die Bibliothek/Oper/Disko/Mensa gehen

in

***zu + Person***
zu Ming/Lan gehen
(**Aber:** nach Hause gehen)

zu

***nach + Stadt/Land***
nach Shanghai/Berlin/Paris/Deutschland/China fahren

nach

**Mind-Mapping**

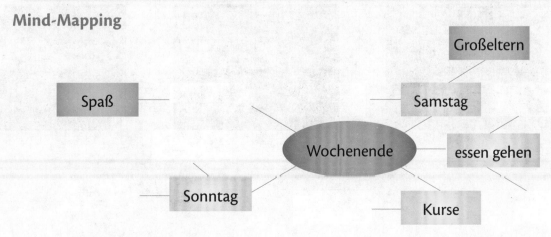

Spaß

Großeltern

Samstag

Wochenende

essen gehen

Sonntag

Kurse

# 12   Ich gehe einkaufen.

## A    Geschäfte

**A1**   Wie heißen die Geschäfte? Ordne zu und erzähle.

# Hier lerne ich

*Sprachkompetenz*
Einkaufsgespräche führen

*Kulturbewusstheit*
Einkaufsgewohnheiten

*Denkvermögen*
eine Party vernünftig planen und
organisieren

*Lernfähigkeit*
im Internet recherchieren

*Bild 0. (E) ist ein Gemüseladen.*
Bild 1. (      ) ist ein Weihnachtsmarkt / 2. (        ) ein Supermarkt / 3. (      ) ein
Flohmarkt / 4. (      ) eine Bäckerei / 5. (      ) ein Gemüseladen / 6. (      ) eine
Buchhandlung / 7. (      )eine Fleischerei / 8. (      ) ein Getränkemarkt / 9. (      ) ein
Obstladen.

**A2** **Einkaufen. Führt Dialoge.**

● Wo gehst du hin?
▲ Ich gehe *ins Kaufhaus*. Ich kaufe *einen Schal*.

Supermarkt, Käse

Flohmarkt, Uhr

Bäckerei, Brot

Buchhandlung Bücher

Obstladen, Äpfel

Getränkemarkt, Bier

# B   Ich gehe einkaufen.

**B1** **Auf dem Markt. Hör und ergänze den Dialog.**

V = Verkäuferin
K = Kunde

V: Guten Tag. Was hätten Sie gern?
K: Tag. Ich hätte gern 10 Eier. Was kostet das?
V: 10 Eier für (1) _____ . Noch etwas?
K: Ja, ich brauche noch (2) _____ .
V: In Scheiben oder am Stück?
K: Am Stück, bitte.
V: Jawohl, ist das (3) _____ ?
K: Ja, ist ok.
V: Das macht 6,09 Euro zusammen.
K: (4) _____ bitte.
V: Und ein Cent (5) _____ . Schönen Tag noch.
K: Danke, tschüs.

**B2** **Wie viel kostet das? Sprich über die Quittung.**

| Artikel | Einzelpreis | Menge | Gesamtpreis |
|---------|-------------|-------|-------------|
| Äpfel | 2,59 Euro/Kilo | 2 | 5,18 Euro |
| Kaffee | 3,89 Euro/Packung | 1 | 3,89 Euro |
| Bier | 1,99 Euro/Dose | 5 | 9,95 Euro |
| Würste | 2,89 Euro/Stück | 2 | 5,78 Euro |

● Wie viel kosten die Äpfel?
▲ Ein Kilo für 2,59 Euro.
● Ich möchte zwei Kilo.
▲ Das macht zusammen 5,18 Euro.

**B3** **Mach aus den Aussagen einen Dialog.**

Gut, ich nehme einen.

Gucken Sie mal. Der Kalender hier sieht schön aus.

Ich brauche einen Kalender.

Und 21 Cent zurück.

Was möchten Sie?

Sonst noch was?

Hier sind 6 Euro bitte.

Noch eine Packung Milch, bitte.

Ein Kalender und eine Packung Milch. Das macht zusammen 5,79 Euro.

Danke.

**Sonderangebot: preiswert einkaufen**

| | | | | |
|---|---|---|---|---|
| Anzug 69 Euro | Hose 39 Euro | Kleid 48 Euro | Rock 32 Euro | Hemd 45 Euro |
| Jacke 128 Euro | Schal 38 Euro | Mütze 15 Euro | Handschuhe 15 Euro | Schuhe 79 Euro |

**B4** **Lies die Kleinanzeigen oben und spiel Dialoge.**

**Variante 1:**

● Was kostet *der Anzug*?

▲ *Der Anzug* kostet 69 Euro.

● Das ist aber *teuer/preiswert/günstig*!

**Variante 2:**

● Wie findest du *den Anzug*?

▲ Ich finde *den Anzug* schön. *Er* gefällt mir.

● *Er* gefällt mir auch.

> **Grammatik leicht**
>
> **Nominativ:** **ich** **du**
> **Dativ:** **mir** **dir**
>
> gefallen: etwas gefällt jdm.
> *Der Anzug gefällt mir.*
> *Die Schuhe gefallen mir.*

**B5** **Schreib einen Einkaufszettel für eine Party.**

Bald ist Semesterende. Du und deine Freunde (6 Personen) möchten eine Party machen. Du hast 500 RMB. Was kaufst du für die Party?

| Einkaufszettel | | | | | |
|---|---|---|---|---|---|
| *Cola* | *3 Flaschen* | *21 RMB* | *Kuchen* | *12 Stück* | *120 RMB* |
| ... | | | ... | | |
| ... | | | | | |

# C Kristina hat Geburtstag.

**C1**  **Hör den Dialog. Was kauft Lukas für Kristina?**

**C2**  **Hör und sprich nach.**

*(Lukas Freundin Kristina hat morgen Geburtstag. Er möchte ein Geschenk für sie kaufen.)*

Dieter:  Hast du schon eine Idee?

Lukas:  Hm ... Vielleicht ein Schal? Sie braucht einen für den Winter.

Dieter:  Prima Idee! Schau mal, der Schal dort ist sehr schön.

Lukas:  Der rote Schal? Nee, die Farbe gefällt mir nicht.

Dieter:  Und der da? Wie findest du diesen?

Lukas:  Der sieht schön aus. Aber schau mal, der kostet 38 Euro. Das ist zu teuer!

Dieter:  Hm ..., stimmt.

Lukas:  Vielleicht kaufe ich eine Mütze für Kristina? Sie möchte so eine für ihre Reise nach China.

Dieter:  Gute Idee und eine Mütze kostet nur 15 Euro.

Lukas:  Super, dann nehme ich die Mütze.

**C3**  **Für wen kaufst du ...? Führt zu zweit Minidialoge.**

- ● Für wen kaufst du *die Tasche*?
- ▲ Für *Dieter*. Er *hat Geburtstag*.
- ● Ach so, *für ihn*.

> ### Grammatik leicht
>
> **für + Akk.**
> *für mich/dich/sie/ihn/es*
> *für den Lehrer / das Kind / die Lehrerin*
> *für Schüler*

- *Tasche, Dieter, Geburtstag haben* • *Wörterbücher, die Schüler, Deutsch lernen*
- *Uhr, Maria, keine haben* • *Tasche, du, eine Reise machen* • *Cola, ich, Durst haben*
- *Wein, Hans, gern Wein trinken* • *Tickets, Lili und Daniel, gern Konzert hören*

**C4**  **Recherchiere und diskutiere: Was schenkt man in China und Deutschland und was nicht?**

*Parfüm, Wein, Grußkarte, Wecker, Blumen, Obst, Scherenschnitt, Lesezeichen, Tee ...*

> ### Lernen mit Spaß
>
> *In 4 Schritten erfolgreich im Internet recherchieren*
> *1. Eine Suchmaschine wählen*
> *2. Einen Suchbegriff, ein Schlagwort oder eine Frage finden*
> *3. Informationen sortieren*
> *4. Infos speichern*

**C5** **Schreib eine E-Mail an eine deutsche Freundin / einen deutschen Freund. Frag sie/ihn, ob das in Deutschland wirklich so ist.**

*Hallo, ...! Wie geht's dir? Heute lernen wir das Thema „Schenken". Ich habe eine Frage. Was schenkt man in Deutschland ...*

**C6** **Im Kaufhaus. Lies den Etagenplan und kreuz an. Übersetze die Etagen ins Chinesische.**

| Kaufhaus Edelstein | |
|---|---|
| **Untergeschoss**<br>Lebensmittel • Blumen • Sonderangebote | **2. Stock**<br>Herrenmode • Schuhe |
| **Erdgeschoss**<br>Schreibwaren • Foto • Kalender | **3. Stock**<br>Kindermode • Sport |
| **1. Stock**<br>Damenmode • Lampen | **4. Stock**<br>DVD und CD • Fernseher • Computer |

| | U-G | E-G | 1-S | 2-S | 3-S | 4-S |
|---|---|---|---|---|---|---|
| 1. Du suchst einen Bleistift für deinen Bruder. | | × | | | | |
| 2. Dein Onkel möchte Brot fürs Frühstück kaufen. | | | | | | |
| 3. Du suchst eine Hose für Hans. Er ist 4 Jahre alt. | | | | | | |
| 4. Du möchtest einen Basketball. | | | | | | |
| 5. Dein Computer ist kaputt. | | | | | | |
| 6. Deine Mutter möchte einen Schal. | | | | | | |

# D    Spielbühne

**Präsentation. Arbeitet in Gruppen und macht ein Poster zum Thema „Schenken in Deutschland" z.B. zum Geburtstag, zu Weihnachten oder zum Neujahr. Präsentiert vor der Klasse euer Ergebnis.**

> **Schenken in Deutschland**

# E    So sprechen wir korrekt!

> **Endungen:** ng - nk, -ig, -tion, -ssion, -sion, -ung
> **Pausen**

**E1**   **Lies die Wörter laut. Achte auf den Wortakzent.**

1. ng:    Angst, eng, Junge, Finger, Englisch
2. nk:    Bank, Dank, denken, trinken, hinken
3. ig:    sonnig, sechzig, wichtig, jährig, fähig
4. tion:   Lektion, Nation, Funktion, Aktion
5. ssion: Kommission, Diskussion
6. sion:   Vision, Exkursion, Fusion
7. ung:   Kleidung, Handlung, Packung, Quittung

**E2**   **Lies den Text, achte auf die Pausen (kürzere Pause /, längere Pause //).**

Frau Liu / ist Lehrerin. // Sie arbeitet / in der Schule. // Ping und Wang / sind Schüler. // Sie kommen aus Ningbo // und möchten später / Germanistik studieren. // Die Schüler üben einzeln, // zu zweit // oder in Gruppen. // Frau Liu / korrigiert / und erklärt.

## Einkaufsgespräche führen

● Was hätten Sie gern?
▲ Ich hätte gern ...
● Ist das alles?
▲ Ja, das ist alles.

● Wie viel kostet ... ?
▲ Das macht zusammen ... Euro.

---

### *Grammatik*

**Personalpromomen: Dativ**

| Nominativ | ich | du |
|-----------|-----|-----|
| Dativ | mir | dir |

**gefallen (es gefällt):** etwas gefällt jdm.

Die Hose gefällt mir.
Gefällt dir die Tasse?
Es gefällt mir in Shanghai.
Die Anzüge gefallen mir nicht.

**Personalpromomen: Akkusativ**

| Nominativ | ich | du | er | sie | es | sie/Sie |
|-----------|-----|-----|-----|-----|-----|---------|
| Akkusativ | mich | dich | ihn | sie | es | sie/Sie |

**Präposition: für**

für mich/dich/ihn/sie
für meinen Vater / meine Mutter / mein Kind
für den Computer / die Vase / das Auto / die Schüler

---

## Mind-Mapping

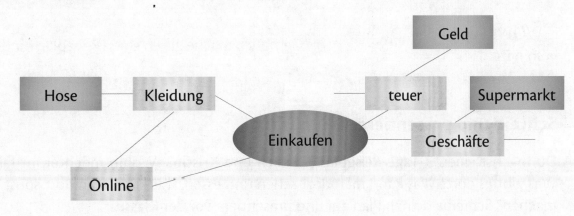

## A  Projekt: Eine Reise planen

**A1**  **Bald kommen die Ferien. Kristina möchte eine Reise nach China machen und informiert sich im Reisebüro „Fantasie". Lies die Anzeigen.**

**Mitten in der Natur:** *Südwestchina*
- **Blumenstadt:** Kunming
- **Altstadt:** Dali und Lijiang
- **Mah-Jongg und Teehäuser:** Chengdu
- **Jiuzhaigou**

**8 Tage für 2499 Euro**
Nur noch 3 Plätze!
Studenten/Schüler 10% weniger

**7-Tage-Reise um Shanghai**
NUR 1999 Euro! (4 Sterne Hotel mit Frühstück)
- *Klassiker: Bund, Fernsehturm und Yu-Garten*
- *Huangpu-Flussfahrt am Abend*
- *Wasserdörfer um Shanghai*
**5% Rabatt für Schüler unter 16 Jahren**!
www.fantasie.de

**5 Tage in Altstädten**
Beijing – Xi'an – Luoyang – Nanjing
*Inklusive:* Verbotene Stadt, Terrakotta-Armee, Longmen-Grotte usw.
Fragen Sie unter: 176-38658846

**A2**  **Kristina kann sich nicht entscheiden. Sie fragt dich per WeChat nach deiner Meinung.**

Was meinst du denn? Welche Reise gefällt dir?

Ich finde die Reise nach ... / um ... / in ... toll. Man kann dort .... besichtigen. Du kannst ... kennen lernen.

Ach wirklich? Aber die Reise ist teuer. ☹

Ja stimmt. Kristina, du kannst ja auch zu mir kommen! ... ist meine Heimatstadt. Wir können hier zusammen ... sehen und ... probieren.

WOW! Super Idee. Du bist so nett.

Gerne, ich mache gleich einen Reiseplan für dich!

**A3**  **Schreib und präsentiere.**

Du machst einen 3-Tage-Reiseplan für dich und Kristina. Wohin möchtet ihr fahren? Was gibt es dort? Was kann man dort sehen und essen, was kann man dort sonst noch machen? Schreibe deinen Plan auf und präsentiere vor der Klasse.

# B Kultur: Auf der Reise

**B1** **Höflichkeit: Welche Höflich-keitsausdrücke kennst du auf Deutsch? Mal einen „Höflich-keitsbaum" mit deutschen Ausdrücken.**

**B2** **Gutes Verhalten: Ordne zu und bilde Sätze mit Modalverben.**

*Man muss/soll/darf nicht ...*

1. Denkmäler nicht beschriften
2. Schlange stehen
3. ohne Erlaubnis nicht fotografieren
4. leise sprechen
5. den Rest mitnehmen
6. nicht auf Statuen sitzen

# C Geographie: Städte

## Wo liegen die Städte und was machen die Leute dort gerne?

N: Nord

W: West   O: Ost

S: Süd

*Harbin liegt in Nordchina.*
*Man läuft dort gern Eis.*

|   | | |
|---|---|---|
| 1. Nordchina | Harbin | Eis laufen |
| 2. | Qingdao | segeln |
| 3. | Hohhot | reiten |
| 4. | Lhasa | singen |
| 5. | Shanghai | einkaufen gehen |
| 6. | Xisha | tauchen |
| 7. | Beijing | Peking-Oper besuchen |
| 8. | Urumqi | tanzen |
| 9. | Hongkong | Filme sehen |

# Vokabelliste

## Modul I Ich

### L1 Guten Tag!

#### Seite 6

**A Willkommen in der Deutschklasse!**

|  | willkommen | 受欢迎的 |
|---|---|---|
|  | in | 在…里面 |
| die | Deutschklasse, -n | 德语班 |
|  | kennen/lernen | 认识 |
|  | zusammen/passen | 匹配 |
|  | Ordne zu. | 请归类！ |
|  | gut | 好的 |
| der | Tag, -e | 日，天 |
|  | Berlin | 柏林 |
| der | Schüler, - | 学生（男） |
| die | Schülerin, -nen | 学生（女） |
|  | Wien | 维也纳 |

#### Seite 7

| der | Morgen, - | 早晨 |
|---|---|---|
| der | Abend, -e | 傍晚，晚上 |
|  | Guten Morgen! | 早上好！ |
|  | Guten Tag! | 你好！（白天） |
|  | Guten Abend! | 晚上好！ |
|  | Hallo! | [口]嗨！你好！ |
|  | Auf Wiedersehen! | 再见！ |
|  | Tschüs! | [口]回头见！ |

#### Seite 8

**B Wie heißt du?**

|  | ich | 我 |
|---|---|---|
|  | heißen | 名叫 |
|  | wie | 怎样，怎么 |
|  | du | 你 |
|  | Freut mich. | 很高兴（认识你）。 |
|  | auch | 也 |
|  | woher | 从哪儿来 |
|  | kommen | 来 |
|  | aus | 出身于，来源于 |
| (das) | Deutschland | 德国 |
|  | alt | 老的；旧的 |

|  | dreizehn | 十三 |
|---|---|---|
| das | Jahr, -e | 年，岁 |
|  | und | 和，与 |
| der | Dialog, -e | 对话 |
|  | Ergänz die Tabelle. | 请填写表格！ |
| der | Name, -n | 名字 |
| das | Land, ̈-er | 国家 |
| das | Alter, nur Sg. | 年龄，岁数 |
|  | Hör zu. | 认真听！注意听！ |
|  | Sprich nach. | 跟着说！跟读！ |
|  | Fragt und antwortet. | 一问一答！ |

#### Seite 9

| die | Schule, -n | 学校 |
|---|---|---|
| der | Gastschüler, - | 交流学生（男） |
| (das) | Österreich | 奥地利 |
| (das) | China | 中国 |
| die | Stadt, ̈-e | 城市 |
|  | Bern | 伯尔尼 |
|  | Hamburg | 汉堡 |
| die | Schweiz | 瑞士 |

#### Seite 10

**C Wie geht's?**

|  | Wie geht's? | 你好吗？ |
|---|---|---|
|  | wer | 谁 |
|  | sie | 他们/她们/它们 |
|  | Danke. | 谢谢。 |
|  | nicht | 不，不是 |
|  | schlecht | 不好的，差的 |
|  | dir | 你（第三格） |
|  | Es geht so. | 还可以。 |
|  | Alles Gute! | 一切顺利！万事如意！ |
|  | Grüß Gott! | [南德][奥地利][口]你好！ |
|  | ganz | 挺，还 |
|  | sehr | 很，非常 |
| die | Stunde, -n | 小时；课时 |
|  | beginnen | 开始 |
|  | also | 那么 |
|  | Bis später! | [口]回头见！ |
|  | Servus! | [南德][奥地利][口]你好；再见！ |

## Seite 11

|     |                      |              |
|-----|----------------------|--------------|
|     | wir                  | 我们          |
|     | lernen               | 学习          |
| die | Zahl, -en            | 数字          |
|     | null                 | 零            |
|     | eins                 | 一            |
|     | zwei                 | 二            |
|     | drei                 | 三            |
|     | vier                 | 四            |
|     | fünf                 | 五            |
|     | sechs                | 六            |
|     | sieben               | 七            |
|     | acht                 | 八            |
|     | neun                 | 九            |
|     | zehn                 | 十            |
|     | elf                  | 十一          |
|     | zwölf                | 十二          |
| die | Geste, -n            | 手势          |
|     | können (kann)        | 能，能够       |
|     | reimen               | 押韵          |
|     | Gute Nacht!          | 晚安！         |
|     | schlafen (schläft)   | 睡觉          |
|     | gehen                | 前往，去；走路   |
| die | Rakete, -n           | 火箭          |
| der | Start, -s            | 起飞，发射      |
| die | Sekunde, -n          | 秒            |
|     | bis                  | 到…为止，直至   |
|     | gewinnen             | 取胜，获胜      |
| das | Lotto, -s            | 彩票          |
| die | Handynummer, -n      | 手机号码       |
|     | sammeln              | 收集；募捐      |
| der | Mitschüler, -        | 同学（男）      |
|     | zusammen/stellen     | 共同制作       |
| das | Klassentelefonbuch, ⸚er | 班级电话簿   |

## Seite 12

### D  Spielbühne

|     |                      |              |
|-----|----------------------|--------------|
| die | Spielbühne, -n       | 表演舞台       |
|     | heute                | 今天          |
|     | der erste Schultag   | 开学第一天      |
|     | sich grüßen          | 互相问候       |
|     | nach                 | 在…之后       |
| die | Ferien, Pl.          | （学校或机关的）假期 |
|     | spielen              | 玩；演，扮演     |

|     |                      |              |
|-----|----------------------|--------------|
| die | Szene, -n            | 场景，场        |
|     | es gibt              | 有，存在        |
|     | dieser, dieses, diese | 这个         |
| das | Schuljahr, -e        | 学年          |
|     | einige               | 一些          |

### E  So sprechen wir korrekt!

|     |                      |              |
|-----|----------------------|--------------|
|     | so                   | 这样          |
|     | sprechen (spricht)   | 说            |
|     | korrekt              | 准确的         |
|     | deutsch              | 德语的；德国的    |
| das | Alphabet, -e         | 字母表         |
| die | Abkürzung, -en       | 缩写（词）       |
| das | Lied, -er            | 歌曲          |

## L2  Ich liebe meine Familie.

## Seite 14

### A  Meine Familie

|     |                      |              |
|-----|----------------------|--------------|
| die | Familie, -n          | 家庭          |
| die | Großeltern, Pl.      | 祖父母；外祖父母   |
| der | Großvater, ⸚         | 爷爷；外公       |
| der | Opa, -s              | [口]爷爷；姥爷    |
| die | Großmutter, ⸚        | 奶奶；外婆       |
| die | Oma, -s              | [口]奶奶；姥姥    |
| die | Eltern, Pl.          | 父母          |
| der | Vater, ⸚             | 爸爸，父亲       |
| der | Papa, -s             | [口]爸爸       |
| die | Mutter, ⸚            | 妈妈，母亲       |
| die | Mama, -s             | [口]妈妈       |
| der | Onkel, -             | 伯父；叔父；舅父；姑父；姨父 |
| die | Tante, -n            | 伯母；婶婶；舅母；姑母；姨母 |

## Seite 15

|     |                      |              |
|-----|----------------------|--------------|
| der | Bruder, ⸚            | 兄弟；哥哥；弟弟    |
| die | Schwester, -n        | 姐妹；姐姐；妹妹    |
| der | Cousin[ku'zɛ̃:], -s  | 表兄弟；堂兄弟     |
| die | Cousine, -n          | 表姐妹；堂姐妹     |
| der | Papagei, -en         | 鹦鹉          |
|     | nein                 | 不，不对，不是     |
|     | haben (hat)          | 有            |
|     | nur                  | 只有，仅仅       |
|     | ein, eine            | （不定冠词）一     |

## Seite 16

### B Ein Familienfoto

| | | |
|---|---|---|
| das | Familienfoto, -s | 全家福 |
| das | | 这,这个 |
| | denken | 想,认为 |
| | aber | 但是 |
| | richtig | 正确的 |
| der | Sonntag, -e | 星期天 |
| | besuchen | 拜访,访问 |
| | zeigen | 展示 |
| | dein, deine | 你的 |
| | mein, meine | 我的 |
| | raten (rät) | 猜,猜测 |
| | doch | (小品词)(用于加强语气) |
| | mal | (小品词)吧,啊,呀 |
| | wer | 谁 |
| | denn | 究竟 |
| | sie | 她 |
| | fast | 几乎 |
| | Ups! | [口]啊！天哪！ |
| | dann | 然后；那么 |
| | er | 他 |
| (das) | Spanien | 西班牙 |
| | wieder | 又,再 |
| | falsch | 错误的 |
| | noch einmal | 再次,再来一次 |
| | sicher | 确定无疑的,一定的 |
| | ja | 是的,对；行,可以 |
| die | USA, Pl. | 美国 |

### Seite 17

| | | |
|---|---|---|
| | vierzehn | 十四 |
| | sechzehn | 十六 |
| | siebzehn | 十七 |
| | zwanzig | 二十 |
| | einundzwanzig | 二十一 |
| | dreißig | 三十 |
| | vierzig | 四十 |
| | (ein)hundert | 一百 |
| das | Lösungswort, ̈er | 答案词 |
| | berühmt | 著名的,出名的,有名望的 |
| der | Mathematiker, - | 数学家(男) |
| | plus | 加 |
| | minus | 减 |
| | mal | 乘 |
| | durch | 除 |

| | |
|---|---|
| gleich | 等于 |

## Seite 18

### C Mings Familie

| | | |
|---|---|---|
| | schreiben | 写 |
| die | E-Mail, -s | 电子邮件 |
| | an | 向 |
| | sein, seine | 他的 |
| der | Netzfreund, -e | 网友(男) |
| der | Betreff, -e | 事由 |
| | liebe (r) | 亲爱的 |
| | wir | 我们 |
| | wohnen | 居住 |
| | schön | 美丽的,漂亮的,美好的 |
| der | Ingenieur, -e | 工程师(男) |
| der | Beruf, -e | 职业 |
| | arbeiten | 工作 |
| | bei | 在某地方；在某人那儿 |
| die | Hausfrau, -en | 家庭主妇 |
| | erst | 才；首先 |
| | klug | 聪明的 |
| | sagen | 说,讲,告诉 |
| der | Sommer, - | 夏天 |
| | nach | 去,向,前往 |
| | froh | 高兴的,欢乐的,快活的 |
| die | Geschwister, Pl. | 兄弟姐妹 |
| das | Haustier, -e | 家养宠物 |

### Seite 19

| | | |
|---|---|---|
| der | Schüler, - | 学生(男) |
| die | Schülerin, -nen | 学生(女) |
| die | Ingenieurin, -nen | 工程师(女) |
| der | Lehrer, - | 教师(男) |
| die | Lehrerin, -nen | 教师(女) |
| der | Hausmann, ̈er | 操持家务的男人 |
| der | Arzt, ̈e | 医生(男) |
| die | Ärztin, -nen | 医生(女) |
| der/das | Poster, - | 招贴画,装饰画 |
| der | Freund, -e | 朋友(男) |

### Seite 20

### D Spielbühne

| | | |
|---|---|---|
| | vor/stellen | 介绍 |
| | vor | 在…面前,在…前面 |

## E　So sprechen wir korrekt!

| der | Vokal, -e | 元音 |
| | kurz | 短的 |
| | lang | 长的 |
| der | Konsonant, -en | 辅音 |
| | wann | 何时，什么时候 |
| | man | 有人，人们 |
| | finden | 找到 |
| die | Regel, -n | 规则，规定 |
| das | Paar, -e | 对，双 |
| der | Zungenbrecher, - | 绕口令 |

## L3　Ich habe ein Haustier.

### Seite 22

## A　Haustiere

| das | Haustier, -e | 宠物 |
| das | Pferd, -e | 马 |
| der | Fisch, -e | 鱼 |
| die | Schildkröte, -n | 乌龟 |
| die | Katze, -n | 猫 |
| das | Kaninchen, - | 兔子 |
| der | Hund, -e | 狗 |

### Seite 23

| das | Meerschweinchen, - | 豚鼠，天竺鼠，荷兰猪 |
| die | Spinne, -n | 蜘蛛 |
| das | Schaf, -e | 绵羊 |
| die | Ente, -n | 鸭子 |
| die | Schlange, -n | 蛇 |

### Seite 24

## B　Hast du ein Haustier?

| | gern | 乐意，喜欢 |
| | etw. (A) gern haben | 喜欢某物 |
| | mögen (mag) | 喜欢 |
| | super | 非常棒 |
| | wie | 如同，好像 |
| | aber | ［口］真是，太（表示强调） |
| | leider | 可惜，遗憾，不幸 |
| | kein, keine | 没有一个，没有，无 |
| | schade | 可惜的，遗憾的 |

### Seite 25

| | würfeln | 掷色子，掷骰子 |

| der | Tiger, - | 老虎 |
| der | Pinguin, -e | 企鹅 |
| der | Wolf, -̈e | 狼 |
| die | Kuh, -̈e | 母牛；奶牛 |
| das | Schwein, -e | 猪 |
| der | Vogel, -̈ | 鸟 |
| der | Affe, -n | 猴子 |
| das | Känguru, -s | 袋鼠 |

### Seite 26

## C　Ein Interview über Haustiere

| | interviewen | 采访 |
| das | Interview, -s | 采访；面谈 |
| | über | 关于 |
| das | Thema, Themen | 主题，话题 |
| die | Frage, -n | 问题 |
| | ach | ［口］啊！ |
| | so | 这样 |
| | süß | 可爱的，惹人喜爱的 |
| | was | 什么 |
| | machen | 做，干 |
| | sie | 他们；她们 |
| | da | 那儿 |
| der | Freund, -e | 朋友（男） |
| der | Dackel, - | 一种短腿长身的德国种猎犬 |
| | braun | 棕色的 |
| der | Monat, -e | 月份 |
| | lieb | 可爱的 |
| | schwarz | 黑色的 |
| | weiß | 白色的 |
| | schauen | 看，瞧 |
| | hier | 这里 |
| | von | (属于或来源于)…的 |
| | spielen | 玩，做游戏 |
| der | Tennisball, -̈e | 网球 |
| | bellen | 犬吠 |
| | miauen | 猫叫 |
| | oft | 经常 |
| | zusammen | 一起，共同 |
| die | Farbe, -n | 颜色 |
| | weg | 丢失，遗失 |
| | an/rufen | 打电话 |
| die | Polizei, unz. | 警察局，警方 |
| das | Halsband, -̈er | 项圈 |

### Seite 27

| das | Wort, -̈er | 单词 |
| | gelb | 黄色的 |
| | grau | 灰色的 |

| | | |
|---|---|---|
| | rosa | 粉红色的 |
| | blau | 蓝色的 |
| | rot | 红色的 |
| | violett | 紫罗兰色的 |
| | grün | 绿色的 |
| | bekommen | 得到 |
| die | Flagge, -n | 旗帜 |
| (das) | Frankreich | 法国 |
| (das) | Brasilien | 巴西 |
| (das) | Südafrika | 南非 |
| | ander- | 另一个，另一些，其他的 |
| | beschreiben | 描述 |

## Seite 28

### D Spielbühne

| | | |
|---|---|---|
| das | Projekt, -e | 项目 |

### E So sprechen wir korrekt!

| | | |
|---|---|---|
| der | König, -e | 国王 |
| die | Königin, -nen | 女王，王后 |
| | schaffen | 完成，办到 |
| der | Punkt, -e | 分数 |

## Station 1

## Seite 30

### A Projekt: Meine Lieblingssängerin / Mein Lieblingssänger

| | | |
|---|---|---|
| der | Sänger, - | 歌手（男） |
| die | Sängerin, -nen | 歌手（女） |
| der | Text, -e | 文章，文本 |
| das | Muster, - | 样式，样本 |
| | jetzt | 现在 |
| die | Großstadt, -̈e | 大城市 |
| das | Plakat, -e | 招贴，广告，海报 |
| das | Ende, -n | 最后，结尾 |

## Seite 31

### B Kultur: Wir leben unter einem Dach.

| | | |
|---|---|---|
| | unter einem Dach leben | 在一个屋檐下生活，一起生活 |
| die | Grafik, -en | 图表 |
| die | Lebensform, -en | 生活方式 |
| die | Antwort, -en | 答案 |

| | | |
|---|---|---|
| | wie viel(e) | 多少 |
| der | Mensch, -en | 人；人类 |
| | allein | 独自 |
| das | Prozent, -e | 百分比 |

### C Biologie: Die Tierwelt

| | | |
|---|---|---|
| die | Biologie, unz. | 生物学 |
| die | Tierwelt, nur Sg. | 动物世界 |
| das | Tier, -e | 动物 |
| der | Fleischfresser, - | 食肉动物 |
| der | Pflanzenfresser, - | 食草动物 |
| der | Allesfresser, - | 杂食动物 |
| | mit | 附有，带有；和…一起；用，借助 |
| das | Bein, -e | 腿 |

# Modul II
# Das Schulleben

## L4 Was habt ihr heute?

## Seite 32

### A Unterrichtsfächer

| | | |
|---|---|---|
| das | Unterrichtsfach, -̈er | 科目，课程 |
| das | Chinesisch, nur Sg. | 汉语，中文 |
| das | Deutsch, nur Sg. | 德语，德文 |
| die | Informatik, nur Sg. | 信息科学 |
| die | Chemie, nur Sg. | 化学 |
| die | Geschichte, nur Sg. | 历史 |
| die | Geographie, nur Sg. | 地理，地理学 |
| die | Mathematik, nur Sg. | 数学 |
| die | Kunst, nur Sg. | 艺术 |
| der | Sport, nur Sg. | 体育 |

## Seite 33

| | | |
|---|---|---|
| | manch | 有些 |
| | ähnlich | 相似的，类似的 |
| die | Physik, nur Sg. | 物理 |
| die | Biologie, nur Sg. | 生物 |
| die | Musik, nur Sg. | 音乐 |
| die | Politik, nur Sg. | 政治 |

## Seite 34

### B Stundenplan

| | | |
|---|---|---|
| der | Stundenplan, -̈e | 课程表 |
| die | Naturwissenschaft, -en | 自然科学，科学课 |

| | | |
|---|---|---|
| das | Englisch, nur Sg. | 英语 |
| der | Montag, -e | 星期一 |
| der | Dienstag, -e | 星期二 |
| der | Mittwoch, -e | 星期三 |
| der | Donnerstag, -e | 星期四 |
| der | Freitag, -e | 星期五 |
| der | Vormittag, -e | 上午 |
| | am Vormittag | 在上午 |
| der | Nachmittag, -e | 下午 |
| | am Nachmittag | 在下午 |
| | welch- | 哪一个, 哪一些 |
| | heute | 今天 |
| | Welcher Tag ist heute? | 今天是星期几? |
| der | Weg, -e | 路, 道路 |
| | auf dem Weg | 在路上 |
| die | Schule, -n | 学校 |
| | ihr | 你们 |
| | das heißt | 也就是说 |
| | jeden Tag | 每天 |
| der | Unterricht, nur Sg. | 课, 课程 |
| | genau | 准确的, 精确的 |
| | danach | 此后, 然后 |
| das | Theater, - | 戏剧 |
| die | Kalligraphie, nur Sg. | 书法 |
| | interessant | 有趣的 |
| | dürfen (darf) | 可以 |
| | mit/kommen | 一起来 / 去 |
| | Na klar. | 当然。 |
| das | Schulfach, ¨er | (中小学)课程 |
| die | Stundenzahl, -en | 课时数 |

## Seite 35

| | | |
|---|---|---|
| der | Wochentag, -e | 一周的某一天 |
| das | Wochentagelied, -er | 星期歌 |
| der | Samstag, -e | 星期六 |
| der | Sonntag, -e | 星期日 |
| | von vorne | 从头 |
| | los/gehen | 开始; 出发 |
| der | Tafeldienst, nur Sg. | 值日擦黑板 |
| | gucken | 看, 瞧 |
| das | Französisch, nur Sg. | 法语 |
| die | Religion, nur Sg. | 宗教课 |
| das | Fach, ¨er | 专业, 学科 |

## Seite 36

### C  Dieter mag Chinesisch.

| | | |
|---|---|---|
| die | Klasse, -n | 班级 |
| die | Frau, -en | 女士; 太太, 妻子 |
| die | Chinesischlehrerin, -nen | |
| | | 语文老师(女) |
| | gleich | 立刻, 马上 |

| | | |
|---|---|---|
| | schon | 已经 |
| | lernen | 学习 |
| das | Schriftzeichen, - | 文字, 字符 |
| | wunderschön | 极美的 |
| | euer, eure | 你们的 |
| | unser, unsere | 我们的 |
| die | Wortstellung, nur Sg. | 词序 |
| der | Aussagesatz, ¨e | 陈述句 |
| | entdecken | 发现, 找到 |
| | stehen | 站立 |
| die | Stelle, -n | 位置 |
| die | Reihenfolge, -n | 顺序 |
| | mehrere | 几个, 多个 |
| die | Möglichkeit, -en | 可能性 |
| | mindestens | 最少, 至少 |
| das | Ergebnis, -se | 结果 |
| | ins Heft schreiben | 写到本子上 |

## Seite 37

| | | |
|---|---|---|
| der | Herr, -en | 先生 |
| das | Zeugnis, -se | 成绩单 |
| das | Gymnasium, Gymnasien | |
| | | 文理中学 |

## Seite 38

### D  Spielbühne

| | | |
|---|---|---|
| | im Internet | 在网络上 |

## L5  Ich packe meine Schulsachen.

## Seite 40

### A  Schulsachen

| | | |
|---|---|---|
| | packen | 将…装入, 收拾 |
| die | Schulsachen, Pl. | 学习用品 |
| der | Bleistift, -e | 铅笔 |
| der | Kuli, -s | [口] 圆珠笔 |
| das | Buch, ¨er | 书, 书本 |
| das | Heft, -e | 练习本 |
| die | Tafel, -n | 黑板 |
| die | Schere, -n | 剪刀 |
| der | Farbstift, -e | 彩色铅笔, 彩色蜡笔 |

## Seite 41

| | | |
|---|---|---|
| der | Füller, - | 钢笔 |
| der | Radiergummi, -s | 橡皮 |
| der | Spitzer, - | 卷笔刀 |
| der | Klebestift, -e | 胶棒 |
| das | Lineal, -e | 尺, 直尺 |

| | | |
|---|---|---|
| das | Mäppchen, - | 文具袋 |
| die | Schultasche, -n | 书包 |
| die | Kreide, -n | 粉笔 |

### Seite 42

### B　Mein Mäppchen ist weg.

| | | |
|---|---|---|
| | weg | 消失，离开 |
| die | Verlustmeldung, -en | 寻物启事 |
| | Worum geht es? | 这是关于哪方面的内容？ |
| | hängen | 悬挂 |
| der | Zettel, - | 纸条，便条 |
| die | Leute, Pl. | （一群）人，人们 |
| | seit | 自从 |
| | finden | 发现，找到 |
| | nicht mehr | 不再 |
| | ziemlich | 相当的 |
| | groß | 大的 |
| das | Geschenk, -e | 礼物 |
| | bitten | 请求 |
| die | Hilfe, -n | 帮助；帮手 |
| der | Zirkel, - | 圆规 |
| der | Stift, -e | 笔，铅笔 |
| | aus/sehen (sieht aus) | 外表看上去 |
| | warum | 为什么 |
| | neben | 除了…之外 |
| der | Schreibwarenladen, ⸚ | 文具店 |
| die | Verkäuferin, -nen | 售货员（女） |
| | Sie wünschen? | （售货员对顾客用语）您要点什么？ |
| | brauchen | 需要 |
| | neu | 新的 |
| | schade | 可惜，遗憾 |
| | was für ... | 什么样的？ |
| | möchten (möchte) | 想要 |

### Seite 43

| | | |
|---|---|---|
| | verschieden | 不同的 |
| | diskutieren | 讨论，商议 |
| das | Wörterbuch, ⸚er | 词典 |
| die | CD, -s | CD唱片 |
| der | Sportschuh, -e | 运动鞋 |
| die | Landkarte, -n | 地图 |
| | nächst- | 下一个的(指顺序) |
| | alles | 所有，一切 |
| | dabei/haben | 身边有，手头有 |
| die | Sorge, -n | 忧愁 |
| | können (kann) | 可以 |
| | nehmen (nimmt) | 拿，取 |
| | dort | 那里 |
| | erzählen | 讲述，叙述 |

| | | |
|---|---|---|
| | aus | 结束 |

### Seite 44

### C　Wessen Mäppchen ist das?

| | | |
|---|---|---|
| | wessen | 谁的 |
| der | Sportplatz, ⸚e | 操场，运动场 |
| | zu Hause | 在家 |
| | glauben | 认为 |
| | ihr | 她的 |
| | hellblau | 浅蓝色 |
| | klein | 小的 |
| | dunkelblau | 深蓝色 |
| | vielleicht | 也许，或许 |
| | sein, seine | 他的 |
| | stimmen | 正确，真实 |
| | fragen | 问，询问 |
| | spenden | 捐助，捐赠 |
| | wollen (will) | 想，打算 |
| das | Kinderheim, -e | 儿童福利院,孤儿院 |
| die | Spende, -n | 捐助，捐赠 |
| die | Idee, -n | 想法，主意 |
| | entwerfen (entwirft) | 设计，草拟 |
| die | Gruppe, -n | 组，群 |
| die | Spendeliste, -n | 捐赠清单 |

### Seite 45

| | | |
|---|---|---|
| die | Hausaufgabe, -n | 家庭作业 |
| die | Sache, -n | 东西 |
| | unterschiedlich | 不同的,有区别的 |
| | in die Schule kommen | 入学 |

### Seite 46

### D　Spielbühne

| | | |
|---|---|---|
| | wirklich | 确实，的确 |
| der | Klassenraum, ⸚e | 教室 |

## L6　Das Schulleben ist toll!

### Seite 48

### A　Meine Schule

| | | |
|---|---|---|
| das | Schulleben, - | 学校生活 |
| | toll | 棒极了 |

### Seite 49

| | | |
|---|---|---|
| der | Computerraum, ⸚e | 计算机室，电脑房 |
| die | Bibliothek, -en | 图书馆 |

| | | |
|---|---|---|
| die | Schulkantine, -n | 学生餐厅 |
| das | Schülerwohnheim, -e | 学生宿舍 |
| das | Unterrichtsgebäude, - | 教学楼 |
| das | Klassenzimmer,- | 教室 |
| | vorne | 前面 |
| | hinten | 后面 |
| | links | 左边 |
| | rechts | 右边 |

## Seite 50

## B  Meine Schule ist ein Internat.

| | | |
|---|---|---|
| das | Lehrerzimmer, - | 教师办公室 |
| | zeigen | 给…看 |
| | treffen (trifft) | 遇见,碰到 |
| | ihr, ihre | 他(她,它)们的 |
| | Grüß dich! | 你好! |
| | Ihr, Ihre | 您的;您们的 |
| | Sie | 您;您们 |
| die | Traumschule, -n | 理想的学校 |
| | malen | 绘画 |
| | es gibt ... | 有,存在 |
| das | Gebäude, - | 大楼,建筑物 |
| | lesen (liest) | 读,阅读 |
| das | Schwimmbad, ̈er | 游泳池,游泳场 |

## Seite 51

| | | |
|---|---|---|
| der | Jazz, nur Sg. | 爵士乐 |
| | klassisch | 古典的 |
| das | Gymnasium, die Gymnasien | |
| | | 文理中学 |
| die | Grundschule, -n | 小学 |
| der | Kindergarten, ̈ | 幼儿园 |
| die | Schulart, -en | 学校类型 |
| das | Abitur, mst Sg. | 文理中学毕业考试 |
| der | Fußballprofi, -s | 职业足球运动员 |
| die | Berufsschule, -n | 职业学校 |

## Seite 52

## C  Leas Schulleben

| | | |
|---|---|---|
| | notieren | 把…记录下来 |
| die | Information, -en | 信息 |
| die | Zeitangabe, -n | 时间说明语 |
| | schreiben | 写,书写 |
| | über | 关于 |
| | lieb- | (书信称谓)亲爱的 |
| | von ... bis ... | (表示时间)从…到… |
| | auf/stehen | 起床 |
| die | Uhr, -en | 钟点;钟;表 |

| | | |
|---|---|---|
| das | Frühstück, -e | 早餐 |
| | zur Schule gehen | 去上学 |
| die | Pause, -n | 休息 |
| | nach Hause | 回家 |
| | viele Grüße | (信尾用语)致以 问候 |
| | pro Woche | 每周 |
| | anhand | 借助于,根据 |
| die | Notiz, -en | 笔记,记录 |
| | anders als | 与…不同 |
| | auf etw. antworten | (对…)回答,回复 |
| die | Anrede, -n | 称谓,称呼 |
| die | Schlussformel, -n | (书信)结束语 |

## Seite 53

| | | |
|---|---|---|
| die | Uhrzeit, -en | 钟点 |
| das | Ratespiel, -e | 猜谜游戏 |
| | früh | 早的 |
| | spät | 晚的 |
| | zeichnen | 画,绘画 |
| der | Zeitplan, ̈e | 时间表 |
| | frühstücken | 用早餐 |
| der | Volleyball, ̈e | 排球 |
| | kochen | 烧煮;烹饪 |
| der | Mittag, -e | 中午 |

## Seite 54

## D  Spielbühne

| | | |
|---|---|---|
| die | Schülergruppe, -n | 学生访问团 |
| | zu Besuch kommen | 来访问 |
| | am ersten Tag | 在第一天 |

## E  So sprechen wir korrekt!

| | | |
|---|---|---|
| | steigen | 上升 |
| | fallen (fällt) | 下降 |

## *Station 2*

## Seite 56

| | | |
|---|---|---|
| der | Scherenschnitt, -e | 剪纸 |
| | basteln | 手工制作 |
| | zurück/fliegen | 飞回 |
| | schenken | 赠送,给予 |
| | prima | 极好的 |
| die | Wasserfarbe, -n | 水彩颜料 |
| | einfach | 单一的,一次的 |
| | schneiden | 剪,切 |
| das | Minivideo, -s | 微视频 |

|     | auf/nehmen (nimmt auf) | 拍摄 |
|-----|------------------------|------|
|     | Geteilte Freude ist doppelte Freude. | 分享的快乐是双倍的快乐。 |
|     | lassen (lässt) | 让,使 |
|     | zugleich | 同时 |
|     | sowohl ... als auch ... | 既…又… |
| das | Werk, -e | (文学或艺术)作品 |
| das | Bild, -er | 图片 |
|     | unten | 下面 |
|     | für etw. stehen | 代表着… |
| das | Symbol, -e | 象征 |
| die | Peking-Oper, -n | 京剧 |
| die | Harmonie, -n | 和谐,和睦 |
| der | Reichtum, ̈er | 财富,钱财 |

## Seite 57

|     | | |
|-----|-----------------|----------|
| der | Schatz, ̈e | 珍宝,财宝 |
| das | Studienzimmer, - | 书房,文房 |
| das | Papier, nur Sg. | 纸 |
| der | Pinsel, - | 毛笔,画笔 |
| die | Tusche, -n | 墨汁 |
| der | Literaturkurs, -e | 文学课程 |
|     | literarisch | 文学的 |
|     | zu etw. gehören | 属于 |
| der | Roman, -e | 长篇小说 |
| das | Gedicht, -e | 诗,诗歌 |
| das | Märchen, - | 童话 |
| der | Schriftsteller, - | 作家 |
|     | nennen | 给…命名 |
| das | Goethe-Institut | 歌德学院 |
|     | singen | 唱,唱歌 |
|     | beide | 两人,两个 |
| der | Musiker, - | 音乐家 |

# Modul III
# Essen und Trinken

## L7  Ich habe Hunger.

### Seite 58

### A  Rund um das Frühstück!

|     | | |
|-----|-----------------|----------|
| der | Hunger, nur Sg. | 饥饿 |
|     | rund um ... | 围绕…,以…为主题 |
| das | Frühstück, -e | 早餐 |
|     | frühstücken | 吃早餐 |
| das | Brot, -e | 面包 |
| die | Marmelade, -n | 果酱 |
| die | Butter, nur Sg. | 黄油 |
| das | Brötchen, - | 小面包 |

| der | Käse, nur Sg. | 奶酪 |
|-----|-----------------|----------|
| das | Obst, nur Sg. | 水果 |
| das | Müsli, -s | 混合麦片 |
| der | Joghurt, -s | 酸奶 |
| der | Tee, -s | 茶 |
| der | Kaffee, mst Sg. | 咖啡 |
|     | bei uns | 在我们这里 |

## Seite 59

|       | | |
|-------|-----------------|----------|
| (das) | Südchina | 中国南方 |
|       | morgens | 在早上 |
| die | Nudel, -n | 面条 |
| die | Reissuppe, -n | 粥 |

## Seite 60

### B  Das Büfett ist toll!

|     | | |
|-----|-----------------|----------|
| das | Büfett, -s | 自助餐；餐台 |
|     | markieren | 标出 |
| die | Milch, nur Sg. | 牛奶 |
| der | Schinken, - | 火腿 |
| das | Ei, -er | 鸡蛋 |
| der | Orangensaft, ̈e | 橙汁 |
| der | Apfelsaft, ̈e | 苹果汁 |
|     | trinken | 喝 |
|     | essen (isst) | 吃 |
| der | Sommerkurs, -e | 暑期课程 |
| die | Jugendherberge, -n | 青年旅馆 |
|     | nehmen (nimmt) | 取；拿 |
| das | Vitamin, -e | 维他命 |
|     | warm | 温热的,暖和的 |
| das | Tagebuch, ̈er | 日记 |

## Seite 61

|     | | |
|-----|-----------------|----------|
|     | zu Mittag essen | 吃午餐 |
|     | zu Abend essen | 吃晚餐 |
| das | Rätsel, - | 谜语 |
| der | Korb, ̈e | 篮子 |
|     | jeder | 每个人 |
| die | Lebensmittel, nur Pl. | 食物,食品 |
| der | Partner, - | 同伴(男) |
| die | Partnerin, -nen | 同伴(女) |
| die | Banane, -n | 香蕉 |
| die | Kartoffel, -n | 土豆 |
| die | Birne, -n | 梨 |
| die | Orange, -n | 橙子 |
|     | an/sehen (sieht an) | 看,注视 |
| der | Apfel, ̈ | 苹果 |
| die | Tomate, -n | 西红柿 |
| die | Kiwi, -s | 奇异果 |

## Seite 62

### C Andere Länder, andere Sitten!

| | | |
|---|---|---|
| die | Sitte, -n | 风俗 |
| | korrigieren | 改正 |
| das | Essen, - | 食物；饭菜 |
| | mittags | (在)中午 |
| | abends | (在)晚上 |
| | kalt | 冷的 |
| | sondern | 而是 |
| | dazu | 此外 |
| | lecker | 美味的 |
| | probieren | 尝试 |
| die | Schülerzeitung, -en | 校报 |
| der | Bericht, -e | 报道 |
| | folgend | 紧随其后的 |
| das | Redemittel, - | 常用语 |
| | helfen (hilft) | 帮助 |
| die | Hauptmahlzeit, -en | 主餐 |

### Seite 63

| | | |
|---|---|---|
| die | Sojamilch, nur Sg. | 豆浆 |
| die | Zeitung, -en | 报纸 |
| die | Verbkonjugation, -en | 动词变位 |
| der | Unterschied, -e | 区别，不同之处 |
| | manch | 一些，部分 |
| die | Karotte, -n | 胡萝卜 |
| der | Spinat, nur Sg. | 菠菜 |
| die | Wassermelone, -n | 西瓜 |
| die | Frucht, ¨e | 水果 |
| die | Gemüseart, -en | 蔬菜类 |

### Seite 64

### E So sprechen wir korrekt!

| | | |
|---|---|---|
| das | Kompositum, Komposita | |
| | | 复合词 |
| der | Wortakzent, -e | 单词重音 |
| die | Bedeutung, -en | 意义，意思 |

## L8 Was isst du gern?

### Seite 66

### A Wo isst man? Was isst man?

| | | |
|---|---|---|
| das | Restaurant, -s | 餐厅 |
| das | Café, -s | 咖啡馆 |
| der | Imbiss, -e | 小吃；小吃店 |

## Seite 67

| | | |
|---|---|---|
| das | Steak, -s | 煎肉排(通常是牛排) |
| die | Currywurst, ¨e | 咖喱香肠 |
| der | Feuertopf, ¨e | 火锅 |
| der | Kuchen, - | 蛋糕；糕点 |

### Seite 68

### B Man ist, was man isst!

| | | |
|---|---|---|
| das | Menü, -s | 客饭；菜单 |
| | vegetarisch | 素食的 |
| das | Schweineschnitzel, - | 炸猪排 |
| die | Gemüsepfanne, -n | 炒蔬菜 |
| der | Reis, nur Sg. | 米饭 |
| | fett | 油腻的 |
| | eigentlich | 究竟，到底 |
| | am liebsten | 最喜欢 |
| das | Lieblingsessen, - | 最喜欢的食物 |
| das | Hähnchen, - | 小鸡；鸡肉 |
| die | Pommes, nur Pl. | 炸薯条 |
| das/die | Cola, - | 可乐 |
| der | Fisch, -e | 鱼 |
| der | Salat, -e | 沙拉 |
| | lieber | 更喜欢；宁愿 |
| das | Mineralwasser, nur Sg. | 矿泉水 |
| | gesund | 健康的 |
| | deshalb | 因此 |
| | fit | 精力充沛的 |
| | schlank | 苗条的 |
| der | König, -e | 国王 |
| der | Bürger, - | 市民 |
| der | Bettler, - | 乞丐 |
| das | Sprichwort, ¨er | 谚语 |
| der | Musterdialog, -e | 对话示范 |

### Seite 69

| | | |
|---|---|---|
| die | Wurst, ¨e | 香肠 |
| das | Fleisch, nur Sg. | 肉 |
| das | Gemüse, - | 蔬菜 |
| das | Wasser, nur Sg. | 水 |
| der | Wein, -e | 葡萄酒 |
| das | Bier, -e | 啤酒 |
| die | Umfrage, -n | (问卷)调查 |
| | überhaupt nicht | 完全没有；根本不 |

## C Was möchtet ihr?

| | | |
|---|---|---|
| | möchten (möchte) | 想要 |
| der | Ausflug, ⸚e | 出游；郊游 |
| | einen Ausflug machen | 去郊游 |
| der | Zoo, -s | 动物园 |
| | kaufen | 买 |
| der | Hamburger, - | 汉堡包 |
| die | Bratwurst, ⸚e | 烤肠 |
| der/das | | |
| | Ketchup, -s | 番茄酱 |
| die | Mayonnaise, -n | 蛋黄酱 |
| | doch | 要的；是的（对否定的问题作肯定回答） |
| | Einen Moment. | 稍等片刻。 |
| | fertig | 完成了的；做好的 |
| | Bitte schön! | 不用谢！ |
| | konjugieren | 动词变位 |

### Seite 71

| | | |
|---|---|---|
| | schwerhörig | 听力不好的 |
| | zu zweit | 两人一组地 |
| der | Fußball, ⸚e | 足球 |
| | Wie bitte? | 什么？（一般是没听清对方说话时的用语，表示请再说一遍！） |
| das | Eis, nur Sg. | 冰淇淋 |

### Seite 72

## D Spielbühne

| | | |
|---|---|---|
| | mit Hilfe von | 借助 |
| der | Sticker, - | 贴纸 |
| | lächeln | 微笑 |
| | weinen | 哭泣 |
| das | Gesicht, -er | 脸庞 |
| die | Rankingliste, -n | 排名表 |

## L9 Guten Appetit!

### Seite 74

## A Speisekarte

| | | |
|---|---|---|
| | Guten Appetit! | 祝胃口好！（用餐前礼貌用语） |
| die | Speisekarte, -n | 菜单 |

| | | |
|---|---|---|
| das | Gericht, -e | 烧好的菜，一道菜 |

### Seite 75

| | | |
|---|---|---|
| die | Fischplatte, -n | 鱼肉冷盘 |
| das | Toastbrot | 吐司面包 |
| der | Käseteller, - | 奶酪拼盘 |
| das | Weißbrot | 白面包 |
| die | Schinkenplatte, -n | 火腿切片拼盘 |
| das | Schwarzbrot | 黑面包 |
| die | Gurke, -n | 黄瓜 |
| die | Suppe, -n | 浓汤 |
| die | Gemüsesuppe, -n | 蔬菜汤 |
| die | Rindfleischsuppe, -n | 牛肉汤 |
| die | Zwiebelsuppe, -n | 洋葱汤 |
| das | Hauptgericht, -e | 主菜 |
| der | Schweinebraten, - | 煎猪排 |
| der | Rotkohl, nur Sg. | 紫甘蓝 |
| das | Rindersteak, -s | 牛排 |
| die | Bohne, -n | 豆子，菜豆 |
| das | Kotelett, -s | 肋排 |
| der | Nachtisch, nur Sg. | 饭后甜点 |
| die | Sahne, nur Sg. | 奶油 |
| das | Getränk, -e | 饮品 |
| die | Limonade, -n | 汽水 |
| die | Flasche, -n | 瓶 |
| das | Glas, ⸚er | 玻璃杯 |
| die | Tasse, -n | 杯子（通常有耳柄，配有碟子） |

### Seite 76

## B Ist der Platz hier noch frei?

| | | |
|---|---|---|
| der | Platz, nur Sg. | 位置 |
| | frei | 空的，没人的 |
| | schmecken | 好吃 |
| der | Ober, - | 饭店招待 |
| | Nimm bitte Platz! | 请坐！ |
| | bringen | 拿来 |
| | jawohl | 好的；遵命 |
| | In Ordnung! | 没问题！ |
| | ein bisschen | 一点点 |
| | salzig | 咸味的 |
| | trocken | 干的；没有汁水的 |

### Seite 77

| | | |
|---|---|---|
| | weiter | 继续 |
| | beantworten | 回答 |
| | Prost! | 干杯！ |
| | bestellen | 点餐；预定 |
| | entdecken | 找出 |
| die | Pluralform, -en | 复数形式 |
| die | Dose, -n | 罐子；罐头 |

| das | Stück, -e | 块 |
|---|---|---|

## Seite 78

## C Die Rechnung, bitte!

| die | Rechnung, -en | 账单 |
|---|---|---|
| | bezahlen | 付钱 |
| | getrennt | 分开的 |
| | Das macht ... | 一共…钱。 |
| der | Euro, - | 欧元 |
| | Stimmt so. | 不用找零了。 |

## Seite 79

| der | Cent, -(s) | 欧分 |
|---|---|---|
| | Denk nach. | 请思考。 |
| die | Münze, -n | 硬币 |
| der | Schein, -e | 纸币 |
| | überall | 到处 |
| das | Satzmuster, - | 句型 |
| | kosten | 价值；价格为 |
| der | Preis, -e | 价格 |

## Seite 80

## D Spielbühne

| der | Gast, ⁓e | 客人 |
|---|---|---|
| | Führt ein Gespräch. | 进行会话练习。 |
| | beim Bestellen | 在点菜时 |
| | beim Bezahlen | 在付款时 |

## E So sprechen wir korrekt!

| der | Imperativsatz, ⁓e | 命令句,祈使句 |
|---|---|---|

*Station 3*

## Seite 82

| das | Salatrezept, -e | 沙拉菜谱 |
|---|---|---|
| | kochen | 烧煮；烹饪 |
| der | Essig, nur Sg. | 醋 |
| das | Öl, -e | 食用油 |
| das | Salz, nur Sg. | 盐 |
| der | Pfeffer, nur Sg. | 胡椒 |
| | schälen | 削皮 |
| | dünn | 薄的 |
| die | Scheibe, -n | (薄)片 |
| | schneiden | 切 |
| | mischen | 混合 |
| | übergießen | 浇；注入 |

## Seite 83

| | zum Teil | 部分地 |
|---|---|---|
| | befleckt | 沾上污渍的 |
| | vervollständigen | 补全；补充 |
| die | Ernährung, nur Sg. | 营养；食物 |
| | ein/tragen (trägt ein) | 登记；填入 |
| der | Inhaltsstoff, -e | 成份 |
| die | Gesundheitspyramide, -n | |
| | | 健康金字塔 |
| | passend | 适当的 |
| die | Süßigkeit, -en | 甜食 |
| das | Milchprodukt, -e | 奶制品 |
| das | Getreideprodukt, -e | 谷物类食品 |

# Modul IV Freizeit

## L10 Was machst du gern?

## Seite 84

## A Freizeitaktivitäten

| die | Freizeit, nur Sg. | 业余时间 |
|---|---|---|
| die | Freizeitaktivität, -en | 业余活动 |
| | international | 国际的 |
| der | Computer, - | 电脑 |
| | schwimmen | 游泳 |
| das | Internet, -s | (多用单数)因特网,互联网 |
| | chatten | (网络)聊天 |
| der | Fußball, ⁓e | 足球 |
| | ein/kaufen | 购物 |
| | fern/sehen (sieht fern) | 看电视 |
| | reisen | 旅行,旅游 |
| | tanzen | 跳舞 |
| die | Karte, -n | 卡片,牌 |
| | Karten spielen | 打牌 |
| | lesen (liest) | 读书 |
| | spazieren gehen | 散步 |

## Seite 85

| das | Hobby, -s | 业余爱好 |
|---|---|---|
| das | Interesse, -n | 兴趣 |
| | schlafen (schläft) | 睡觉 |

## Seite 86

## B Hallo, ich mache gern ...

| der | Chatraum, ⁓e | (网络)聊天室 |
|---|---|---|

| der | Wohnort, -e | 居住地 |
| die | Herkunft, ⸚e | 来源,出处;出生地 |
| das | Schach, nur Sg. | 国际象棋 |
| das | Kino, -s | 电影院 |
| | Lieblings- | 最喜爱的… |

### Seite 87

| die | Disko, -s | 迪斯科舞厅 |
| das | Klavier, -e | 钢琴 |
| das | Konzert, -e | 音乐会 |
| der | Comic, -s | 漫画 |
| die | Zeitung, -en | 报纸 |
| das | Rad, ⸚er | 轮子;自行车 |
| | Rad fahren | 骑自行车 |
| der | Ski, nur Sg. | 滑雪运动 |
| der | Basketball, ⸚e | 篮球 |
| das | Tennis, nur Sg. | 网球运动 |
| | fotografieren | 拍照,摄影 |

### Seite 88

### C Was möchtest du heute Abend machen?

| | vor/haben | 计划,打算 |
| | Sag mal. | 说一下! |
| | wissen (weiß) | 知道,了解 |
| | mit/kommen | 一起来 |
| | Bis dann. | 到时见!一会儿见! |
| | Tut mir leid. | 很遗憾,不好意思。 |
| die | Lust, nur Sg. | 兴趣 |
| das | Mal, -e | 次,回 |
| | müde | 困倦的,累的 |
| | an/rufen | 给某人打电话 |
| der | Spaß, nur Sg. | 愉快,高兴 |
| die | Situation, -en | 情况,场景 |
| | nach/spielen | (照着)表演 |
| | ergänzen | 补充 |

### Seite 89

| | berichten | 报告,报道 |
| das | Tischtennis, nur Sg. | 乒乓球 |
| das | Kreuzworträtsel, - | 字谜游戏 |

### Seite 90

### D Spielbühne

| die | Pantomime, -n | 哑剧 |
| | vor/spielen | 表演 |
| der | Sack, ⸚e | 口袋,包裹 |
| | jeweils | 分别 |

## L11 Endlich Sonntag!

### Seite 92

### A Am Wochenende

| das | Wochenende, -n | 周末 |
| | am Wochenende | 在周末 |
| der | Ausflug, ⸚e | 远足,郊游 |
| | besuchen | 拜访,参观 |
| | auf/stehen | 起床 |
| die | Hausarbeit, -en | (此处指)家务 |
| der | Tanz, ⸚e | 舞蹈 |

### Seite 93

| das | Smiley, -s ['smaili] | 笑脸符号 |

### Seite 94

### B Was machst du am Sonntag?

| der | Chat, -s | (网络)聊天 |
| der | Beitrag, ⸚e | 一段话 |
| der | Terminkalender, - | 日历 |
| | gerade | 刚刚,正巧 |
| | arm | 可怜的;贫穷的 |
| das | Geschäft, -e | 商店;生意 |
| | zu | 关着(指商店不开门) |
| | klar | 清楚的 |
| | einkaufen gehen | 去购物 |
| | neu | 新的 |
| das | Handy, -s | 手机 |
| | Ach so. | 原来如此。 |
| | Viel Spaß! | (祝你)玩得开心! |
| das | Bett, -en | 床 |
| | ins Bett gehen | 上床睡觉 |
| | um | 在…点钟 |
| | vor | 在…之前 |
| | nach | 在…之后 |
| | halb | 一半的 |

### Seite 95

| das | Viertel, - | 四分之一;一刻钟 |
| | auf/räumen | 收拾,整理 |
| die | Nacht, ⸚e | 夜,夜晚 |

### Seite 96

### C Endlich Wochenende!

| | endlich | 终于 |
| | bleiben | 停留 |

| | | |
|---|---|---|
| | normal | 正常的,一般的 |
| | mir | 我(人称代词第三格) |
| | in | 到…里去 |
| | zu | 到…去,向,往 |
| | besichtigen | 参观访问 |

### Seite 97

| | | |
|---|---|---|
| der | Mittag, -e | 中午 |
| der | Klassenspaziergang, -̈e | 课堂漫步(一种课堂组织形式) |
| das | Elfchen, - | 十一字小诗 |
| | übersetzen | 翻译 |
| | kurz | 短的 |
| das | Gedicht, -e | 诗歌 |
| die | Zeile, -n | 行 |
| die | Eigenschaft, -en | 特征,特性 |
| das | Abschlusswort | 最后一个词 |
| der | Baum, -̈e | 树木 |
| | wunderbar | 极好的 |
| | liegen | 躺着,平放 |

### Seite 98

| | | |
|---|---|---|
| | sonntags | 每周日,在周日 |
| das | Kärtchen, - | 小卡片 |

## L12　Ich gehe einkaufen.

### Seite 101

### A　Geschäfte

| | | |
|---|---|---|
| das | Kaufhaus, -̈er | 商场 |
| der | Supermarkt, -̈e | 超市 |
| der | Weihnachtsmarkt, -̈e | 圣诞集市 |
| der | Flohmarkt, -̈e | 跳蚤市场 |
| die | Buchhandlung, -en | 书店 |
| der | Gemüseladen, -̈ | 蔬菜商店 |
| die | Bäckerei, -en | 面包房 |
| die | Fleischerei, -en | 肉类商店 |
| der | Obstladen, -̈ | 水果店 |
| der | Getränkemarkt, -̈e | 饮料超市 |
| der | Schal, -s/e | 围巾 |

### Seite 102

### B　Ich gehe einkaufen.

| | | |
|---|---|---|
| der | Verkäufer, - | 售货员(男) |
| der | Kunde, -n | 顾客(男) |
| | Was hätten Sie gern? | 您想要点什么? |

| | | |
|---|---|---|
| | brauchen | 需要 |
| die | Scheibe, -n | 片状 |
| die | Quittung, -en | 发票,购物小票 |
| die | Packung, -en | 包,盒 |
| das | Kilo, -s | 公斤,千克 |
| der | Artikel, - | 商品 |
| der | Einzelpreis, -e | 单价 |
| die | Menge, -n | 数量 |
| der | Gesamtpreis, -e | 总价 |
| die | Aussage, -n | 陈述 |

### Seite 103

| | | |
|---|---|---|
| die | Anzeige, -n | 广告 |
| das | Sonderangebot, -e | 特价商品 |
| | preiswert | 物美价廉的 |
| der | Anzug, -̈e | 西装 |
| die | Hose, -n | 裤子 |
| das | Kleid, -er | 连衣裙 |
| der | Rock, -̈e | 短裙 |
| das | Hemd, -en | 男士衬衣 |
| der | Mantel, -̈ | 外套,大衣 |
| die | Mütze, -n | 帽子 |
| der | Handschuh, -e | 手套 |
| der | Schuh, -e | 鞋子 |
| | teuer | 贵的 |
| | günstig | 便宜的 |
| | gefallen (gefällt) | 使…喜欢 |
| | organisieren | 组织 |
| der | Einkaufszettel, - | 购物单 |
| das | Semesterende, nur Sg. | 学期末 |

### Seite 104

### C　Kristina hat Geburtstag.

| | | |
|---|---|---|
| der | Geburtstag, -e | 生日 |
| die | Idee, -n | 主意,想法 |
| der | Winter, - | 冬季 |
| | prima | 棒的,极好的 |
| | stimmen | 对,正确 |
| die | Tasche, -n | 包 |
| das | Ticket, -s | 门票,机票 |
| das | Parfüm, -s | 香水 |
| die | Grußkarte, -n | 贺卡 |
| der | Wecker, - | 闹钟 |
| die | Blume, -n | 鲜花 |
| das | Lesezeichen, - | 书签 |

### Seite 105

| | | |
|---|---|---|
| das | Untergeschoss | 地下层 |

| | | |
|---|---|---|
| das | Erdgeschoss | 第一层，一楼 |
| der | Stock, - | 楼层 |
| die | Schreibwaren, Pl. | 文具 |
| die | Damenmode, -n | 女装 |
| die | Herrenmode, -n | 男装 |
| die | Kindermode, -n | 童装 |

## Seite 106

## D Spielbühne

| | | |
|---|---|---|
| die | Präsentation, -en | 展示，报告 |

### Station 4

## Seite 108

| | | |
|---|---|---|
| | sich informieren | 了解，获悉 |
| das | Reisebüro, -s | 旅行社 |
| die | Fantasie, -n | 幻想 |
| | mitten | （常与介词连用）在…中部 |
| die | Natur, nur Sg. | 大自然 |
| das | Mah-Jongg, nur Sg. | 麻将 |
| das | Teehaus, ¨er | 茶室 |
| der | Klassiker, - | 经典 |
| der | Bund, nur Sg. | 外滩 |
| der | Fernsehturm, ¨e | 电视塔 |
| der | Yu-Garten | 豫园 |
| die | Flussfahrt, -en | 沿江游览 |
| das | Wasserdorf, ¨er | 水乡 |
| der | Rabatt, -e | 折扣，价格优惠 |
| der | Kaiserpalast | 皇宫 |
| | die Verbotene Stadt | 紫禁城，故宫 |
| die | Terrakotta-Armee | 秦始皇兵马俑 |
| die | Grotte, -n | 石窟，洞穴 |
| | entscheiden | 决定 |
| | meinen | 认为 |
| | nett | 友好的 |

| | | |
|---|---|---|
| | probieren | 尝试 |
| | auf/schreiben | 写下 |

## Seite 109

| | | |
|---|---|---|
| die | Höflichkeit, -en | 客气，礼貌，客气话 |
| das | Verhalten, nur Sg. | 举止，行为，态度 |
| das | Denkmal, Denkmäler | 纪念碑 |
| | beschriften | 刻字 |
| die | Schlange, -n | 队伍；蛇 |
| | Schlange stehen | 排队 |
| der | Rest, -e | 剩余物 |
| die | Erlaubnis, -se | 许可，同意 |
| die | Statue, -n | 塑像，雕像 |
| | sitzen | 坐 |
| | reiten | 骑马 |
| | tauchen | 潜水 |

## Grammatikbegriffe

| | | |
|---|---|---|
| das | Personalpronomen, - | 人称代词 |
| das | Verb, -en | 动词 |
| die | Präposition, -en | 介词 |
| das | Possessivpronomen, - | 物主代词 |
| der | Artikel, - | 冠词 |
| | bestimmter Artikel | 定冠词 |
| | unbestimmter Artikel | 不定冠词 |
| das | Nomen, - | 名词 |
| der | Nominativ | 第一格 |
| der | Akkusativ | 第四格 |
| der | Dativ | 第三格 |
| das | Indefinitpronomen, - | 不定代词 |
| das | Modalverb, -en | 情态动词 |
| der | Imperativ, -e | 命令式 |
| das | Adjektiv, -e | 形容词 |
| das | Adverb, -ien | 副词 |
| die | Partikel, -n | 小品词 |